LEITURA COMPLEMENTAR DE DIREITO

Marcos José Alves Lisboa
Wagner Armani
(Orgs.)

LEITURA COMPLEMENTAR DE DIREITO

Direção Editorial:
Marcelo C. Araújo

Copidesque:
Ana Aline Guedes da Fonseca de Brito Batista

Revisão:
Camila Pereira Ferrete

Diagramação:
Érico Leon Amorina

Capa:
Jéssica Rodrigues Tavares

Comissão Editorial:
Avelino Grassi
Edvaldo Araújo
Márcio Fabri

© Ideias & Letras, 2013.

Rua Diana, 592
Cj. 121 - Perdizes
05019-000 - São Paulo - SP
(11) 3675-1319 (11) 3862-4831
Televendas: 0800 777 6004
www.ideiaseletras.com.br

Dados Internacionais de Catalogação na Publicação (CIP)
(Câmara Brasileira do Livro, SP, Brasil)

Leitura complementar de direito:
Marcos José Alves Lisboa, Wagner Armani,
organizadores. - São Paulo, SP: Editora Idéias e Letras, 2012
ISBN 978-85-65893-12-1
1. Direito 2. Direito - Filosofia 3. Direito -
Teoria I. Lisboa, Marcos José Alves. II. Armani,
Wagner.

12-14380   CDU-340.143

Índices para catálogo sistemático:
1. Ciência jurídica 340.143

Agradecimentos

À Direção da Faculdade de Direito e ao corpo docente do curso que apoiaram e oportunizaram a elaboração desta obra.

À Editora Ideias e Letras que apostou neste projeto.

༄ Prefácio ༄

Apresentar esta genuína obra, *Leitura complementar de Direito*, que trata de diversos temas da ciência jurídica, não é tarefa fácil. Neste prefácio, teremos como pano de fundo a questão da educação jurídica, dado o contexto do livro, escrito por professores da Faculdade de Direito da Pontifícia Universidade Católica de Campinas. A área jurídica é consagrada na dimensão técnica e a profissionalização é o grande foco das diversas escolas de Direito de nosso país. No entanto, a compreensão da educação jurídica deve ser feita no contexto de um amplo debate com profissionais de outras áreas do conhecimento e, neste caso, a Faculdade de Direito da Pontifícia Universidade Católica de Campinas constrói sua história, contemplando em seu quadro docente, além de bacharéis em direito: filósofos, cientistas sociais, psicólogos, teólogos, antropólogos, indo além das determinações do Conselho Nacional de Educação quanto às diretrizes curriculares. É este quadro docente que apresenta ao público essa importante contribuição com diferentes temas do Direito.

O trabalho realizado pela Associação Brasileira de Ensino de Direito – ABEDI, da mesma forma que os esforços do Conselho Nacional de Pesquisa e Pós-Graduação em Direito – CONPEDI, já apontam para a necessidade de se aprimorar o ensino jurídico; todavia, por quais diretrizes devemos repensar a consagrada e tradicional prática de ensino de Direito em nosso país? Acreditamos que por meio da contínua tarefa de repensar o Projeto Pedagógico, a partir de novas perspectivas teóricas que fundamentam a compreensão do Direito como uma ciência dinâmica, podemos aprimorar o ensino jurídico.

No ano em que a Faculdade de Direito da Pontifícia Universidade Católica de Campinas completa 60 anos, os autores desta obra, todos professores de nossa Faculdade de Direito, demonstraram a principal característica de nosso corpo docente: o amor incondicional à docência. Esta obra simboliza o esforço de diversos professores, de diferentes gerações, da Faculdade de Direito da PUC - Campinas, com a formação integral e rigorosa de nossos alunos, na medida em que disponibiliza análises rigorosas de temáticas diversas da área jurídica.

Além da dedicação diuturna ao ensino dentro das salas de aula, trocando conhecimento com os alunos, demonstram os autores uma preocupação com a educação jurídica de forma ampla, abrangendo não somente a dimensão da sala de aula, mas também a pesquisa, representada de forma exemplar pelos Artigos aqui publicados.

Muito se discute sobre a pesquisa na educação jurídica como instrumento de formação crítica do estudante de Direito, de modo a formar um bacharel com competência de criticar a realidade social, mas, acima de tudo, um bacharel capaz de repensar a própria dinâmica social. No contexto de aproximação do ensino com a dimensão da pesquisa, Enricone (2011) argumenta que:

> A integração de pesquisa em um novo modelo de ensino jurídico procura superar a distância entre o Direito e a realidade dos problemas cotidianos de uma sociedade em constantes transformações. A pesquisa é um processo que desempenha uma função social, pois o compromisso social da ciência jurídica é indiscutível (ENRICONE, 2011).

Não se trata apenas de apontar a pesquisa como um campo teórico de investigação, mas de se ter a dimensão teórica da pesquisa a serviço da aproximação do Direito com a vida social. Nesse sentido, Santos (2002) já sinalizava, em uma de suas teses do paradigma emergente, a necessidade de que o conhecimento científico deveria revelar aproximação com a vida das pessoas. Não podemos mais conceber um ensino técnico que não aponte para os problemas do dia a dia das pessoas e é nesse contexto que a ciência jurídica tem sido continuamente repensada em nossa tradicional Faculdade de Direito, por ocasião da reformulação do Projeto Pedagógico.

No que se refere à expansão do ensino superior, vivemos um momento de multiplicação das vagas oferecidas no Brasil por meio de políticas públicas do Ministério da Educação. Esse fato nos incita ainda mais a pensar na qualidade do ensino jurídico e é nesse sentido que apresentamos esta obra que trata de diferentes temas que envolvem a ciência jurídica no contexto educacional, de modo a oferecer, ao leitor, aspectos práticos com destaque para os fundamentos teóricos que favorecem a compreensão e execução do trabalho do operador do Direito. A reflexão sobre a qualidade dos cursos jurídicos é tema central recorrente de muitos capítulos deste livro; afinal, está em jogo o repensar da prática jurídica que tem, na formação do bacharel, a principal diretriz.

A área de Direito, por razões históricas, culturais e mercadológicas, domina grande parte das vagas oferecidas no Ensino Superior. São oferecidas duzentos e quinze mil vagas anuais nos cursos de Direito, significando que, a cada cinco vagas preenchidas no Ensino Superior, uma é de Direito. (WOLLINGER, 2011)

Nesse contexto, a despeito da fiscalização dos cursos de Direito exercida pelo Ministério da Educação em conjunto com a Ordem dos Advogados do Brasil, cabe a cada Instituição de Ensino Superior zelar pela qualidade da educação jurídica oferecida, em especial às Faculdades vinculadas à uma Universidade, sempre zelando pelo tripé do ensino, pesquisa e extensão. A esse respeito, Severino (2011) pondera que:

> *Na Universidade, ensino, pesquisa e extensão efetivamente se articulam, mas a partir da pesquisa, ou seja, só se aprende, só se ensina, pesquisando, construindo conhecimento; só se presta serviços à comunidade, se tais serviços nascerem e se nutrirem da pesquisa. Impõe-se partir de uma equação de acordo com a qual educar (ensinar e aprender) significa conhecer; e conhecer, por sua vez, significa construir o objeto; mas construir o objeto significa pesquisar. Por isso mesmo, também na Universidade, a aprendizagem, a docência, a ensinagem, só serão significativas se forem sustentadas por uma permanente atividade de construção do conhecimento. Ambos, professor e aluno, precisam da pesquisa para bem conduzir um ensino eficaz e para ter um aprendizado significativo.* (SEVERINO, 2011).

O filósofo destaca a necessidade de um ensino que remeta à pesquisa e, ao mesmo tempo, de uma pesquisa que leve em consideração a possibilidade de comunicação desse conhecimento produzido com a sociedade, por meio da extensão. Esse desafio constitucional tem sido rigorosamente trabalhado pela Pontifícia Universidade Católica de Campinas e, por ocasião desta obra, muitos desses esforços se materializam por meio dos diversos temas.

Eduardo Bittar (2009), em seu brilhante prefácio à obra *Projeto e Monografia Jurídica*, critica a área jurídica como avessa ao diálogo. Argumenta o jusfilósofo que a "*produção do conhecimento* jamais é um ato solitário. Todo pesquisador é, antes de tudo, afetado por seu objeto de estudo, pelo seu meio, pelas condições de pesquisa, bem como pelas ideias que gravitam em torno de si. A produção do conhecimento pressupõe *intersubjetividade*" (BITTAR, *apud.*, MENDONÇA, 2009).

Não é pelo fato de que concordamos com a dimensão da pesquisa jurídica no contexto do ensino que essa pesquisa deva significar algum distanciamento do bacharelando em relação à vida social. Na verdade, pensamos exatamente o contrário. O ensino jurídico que promove a possibilidade de contato com os clássicos do pensamento, da mesma forma que oportuniza ao aluno a chance de produzir e de publicar conhecimento, seja por meio da Iniciação Científica ou por outras iniciativas, é aquele que gera a formação do bacharel crítico e efetivamente preocupado com a necessidade de transformar a sociedade. Assim, com a atualização da técnica jurídica e, ao mesmo tempo, com o desafio de formar protagonistas para a transformação social, a Faculdade de Direito tem empreendido ações objetivas para o cumprimento desta meta e este livro simboliza uma dessas ações.

Dessa maneira, a presente obra demonstra uma das formas de preocupação de nossa Faculdade com a qualidade da educação jurídica oferecida, primando por uma formação integral e crítica do aluno, com foco na dimensão profissional; afinal, as diversas áreas de atuação do bacharel em Direito é uma das razões do reconhecimento de nossa Faculdade de Direito.

Pela diversidade dos textos, os quais abrangem diversas áreas da ciência do Direito, e pela competência dos autores, certamente a obra *Leitura complementar de Direito* será de grande valia para os estudantes, professores e operadores do Direito de nosso país.

Outono de 2011.
Prof. Ms. Peter Panutto
Diretor da Faculdade de Direito
Pontifícia Universidade Católica de Campinas

Prof. Dr. Samuel Mendonça
Coordenador do Programa de Pós-Graduação Stricto Sensu em Educação e
Professor da Faculdade de Direito
Pontifícia Universidade Católica de Campinas

Sumário

INTRODUÇÃO - 12

HERMENÊUTICA JURÍDICA DE H. G. GADAMER: A INTERPRETAÇÃO DO TEXTO JURÍDICO PARA O HISTORIADOR JURÍDICO E O JURISTA - 17

O ELEMENTO EMPRESA - 44

O DISCURSO DA FLEXIBILIZAÇÃO DOS DIREITOS TRABALHISTAS: INOVAÇÃO OU MAIS DO MESMO? - 60

UNIÃO ESTÁVEL É CASAMENTO? COMPANHEIRO É CÔNJUGE? - 75

O ACESSO À JUSTIÇA E À TUTELA PENAL DOS INTERESSES DIFUSOS NAS RELAÇÕES DE CONSUMO PRATICADAS PELA INTERNET - 91

A IMUNIDADE DE SOBERANIA E O DIREITO DO TRABALHO: UMA ADEQUAÇÃO DAS CARACTERÍSTICAS DO DIREITO INTERNACIONAL PÚBLICO - 102

DOS PRINCÍPIOS DO CONTRADITÓRIO E A AMPLA DEFESA NO PROCESSO DE EXECUÇÃO, À LUZ DE EXCEÇÃO DE PRÉ-EXECUTIVIDADE - 119

MORTE NO TRÂNSITO E DOLO EVENTUAL - 138

LEI DOS JUIZADOS ESPECIAIS CRIMINAIS: PRINCÍPIOS, COMPETÊNCIA E A FASE PRELIMINAR - 147

⚜ Introdução ⚜

Esta obra que ora se apresenta ao leitor nasceu da intenção de oferecer aos estudantes do curso de Direito o que seu título literalmente expressa, a saber, uma leitura complementar. Preocupados por uma formação mais crítica dos discentes, o corpo docente da Faculdade de Direito (FADI), da PUC - Campinas, objetivou examinar a importância de alguns temas caros ao Direito cuja gênese foi a experiência em sala de aula, o projeto político pedagógico do curso (amparado na Resolução nº 9 em termos de novas perspectivas para o ensino de Direito no país) reflexões e necessidades dos alunos e da realidade social em constante transformação.

O título *Leitura complementar* não significa ponto de chegada, aliás, quer dizer ponto de partida para novas reflexões e pesquisas jurídicas. Trata-se de incentivar o estudante do curso de Direito ao reconhecimento da indissociabilidade do ensino, da pesquisa e da extensão, virtudes cardeais da qualidade e excelência de ensino das universidades públicas e privadas do Brasil, e da relevância social que a acompanham.

Trata-se de examinar, também, a importância da relação entre teoria e prática que, principalmente, em muitos cursos de Direito do país, é apresentada de forma dicotômica. Ora se tem somente análise técnica, ora teórica, consolidando de modo temerário a separação entre sujeito e objeto do conhecimento. Embora essa cisão entre conhecimento prático e teórico não seja exclusividade do Direito e tampouco seja discussão recente é esse o solo fértil para seu desenvolvimento. Essa questão é de fundamental importância, portanto, quando o objeto de reflexão é o ensino do Direito.

As questões colocadas por Kant na obra O conflito das faculdades[1] e em *Sur l'expression courante: c'est bon en théorie,* mas não *en pratique*[2] podem ser aplicadas ao universo jurídico, a saber: *quid juris* e *quid jus,* que delimita o espaço de competência das disciplinas técnicas e humanas; e a relação teoria-prática, respectivamente.

---

1 KANT. I. Lisboa: Edição. 70, 1993.

2 Idem, Paris: Hatier, 1990.

Expressam acertadamente a divisão entre o que se refere à dogmática jurídica (da competência do jurista) e às consagradas a zetética, à especulação ou à pesquisa (da competência do filósofo, sociólogo, economista...).

Dado que, segundo o mesmo autor, o limite do conhecimento não ultrapassa a experiência, a superação da cisão teoria/prática é dada pela faculdade de julgamento ou bom senso. É mediante a capacidade de julgar que se dá a passagem do teórico para o prático ou, em outras palavras, do abstrato para o concreto ou ainda, do geral para o particular.

Mas o bom senso examinado por Kant poderia ser ensinado?

Se a universidade tem compromisso social, isso se deve à sua condição de produção de novos conhecimentos demandados das mudanças na realidade e, por consequência, à formação de um sujeito capaz de atuar de modo eficiente e eficaz na realidade promovendo, nessa realidade, o desenvolvimento social. O homem não é somente produto da cultura, mas também a produz historicamente. O homem produz sua própria identidade cultural e científico-tecnológica nessa relação do conhecimento.

Diante disso, resta-nos admitir que a articulação entre teoria e prática no contexto da indissolubilidade de ensino, pesquisa e extensão referida anteriormente é *conditio sine qua non* para a formação e/ou ensino jurídico de excelência no Brasil.

Assim, essa obra, em si, comporta metodologicamente dois momentos que se articulam reciprocamente, a saber, aquele que constitue um determinado arcabouço teórico ou que tem por objeto o Direito, e os capítulos que formam o conjunto de áreas científico-jurídicas.

O capítulo de abertura desse volume, *Hermenêutica jurídica de Gadamer* servirá de aporte teórico inicial dos capítulos subsequentes que estão circunscritos no campo de investigação propriamente científico do Direito. A disposição dos capítulos não significa ordem de importância numa escala hierárquica, até porque o tema da interpretação permeia toda a obra e poderá (ou deverá) ser retomado em qualquer fase de leitura. Trata-se, apenas de uma questão de ordem didático-pedagógica.

Essa ordem justifica-se, em certa medida, na afirmação de M. Heidegger sobre a condição de o homem estar imerso no mundo da linguagem, como ser que existe compreendendo[3]. Assim, a existência humana é caracterizada pela decifração de si mesmo, de suas ações e do mundo circundante. Assim, a questão da hermenêutica jurídica apela, necessariamente, nesse capítulo, para critérios de interpretação dos textos legais e seus limites. Objetiva ampliar a discussão sobre interpretação de documentos jurídicos, mas não esgota o assunto. É para o estudante do curso de Direito, como já dissemos, um ponto de partida.

Cada autor é, portanto, um intérprete. É mediador entre o texto e o leitor desvelando ou conferindo sentido sem descaracterizar ou desmembrar a obra preservando, assim, a sua essência.

O capítulo segundo, *O elemento empresa*, no âmbito do Direito Comercial, examina o conceito "empresa" e "empresário" à luz da Teoria da Empresa adotada pelo Código Civil.

No capítulo terceiro, o prof. Dr. Silvio Beltramelli visa contextualizar o tema *O discurso da flexibilização dos direitos trabalhista* vinculando-o a agenda *neoliberal* e desenvolvimentista, no final do século XX. Traz à tona as implicações jurídicas dessa relação entre flexibilização do Direito do Trabalho, os conceitos e argumentos da razão econômica e capitalismo.

O capítulo quarto - *União estável é casamento? Companheiro é cônjuge?* - está, em certa medida, circunscrito no atual debate contemporâneo da união homoafetiva interpretada pelo STF. O prof. Dr. Denis Ferraz examina o conceito de família à luz do Código Civil de 2002 que define a união estável como não sendo equiparável ao casamento.

A tutela penal dos interesses difusos nas relações de consumo praticadas pela internet é objeto de reflexão do capítulo quinto. O prof. Dr. Frabízio Rosa versa, no âmbito do Direito Penal, e suscita indagações acerca das relações de consumo via internet e outros meios eletrônicos amplamente difundidos bem como examinar quais são os bens jurídicos tutelados pelo Direito Penal, em especial os de interesse difuso. O autor propõe pensar a questão, também, sob a perspectiva do direito comparado e da emergência de uma nova área do Direito, o Direito Informático.

A imunidade de soberania e o direito do trabalho: uma adequação da questão às caracerísticas do Direito Intenacional Público constitui

---

3 HEIDEGGER, *Ser e Tempo*. Petrópolis: 1997, p. 198.

o tema do capítulo sexto. No contexto do Direito Internacional Público, o prof. Dr. Luiz R. Vedovato realiza uma análise cuidadosa e atenta da questão da imunidade de soberania, das compras governamentais ou licitações internacionais. Para isso, tem por expediente discorrer sobre sua formação histórica e sobre o processo de positivação da imunidade mediante tratados internacionais. Apresenta os sistemas adotados pela Espanha, Inglaterra e Estados Unidos; e por fim, trata da doutrina e a jurisprudência brasileiras.

No capítulo sétimo, o prof. Dr. Marcelo Altieri delimita um tema caro ao Direito Processual, a saber: *Dos princípios do contraditório e da ampla defesa no processo de execução à luz da exceção de pré-executividade.* Realiza uma análise dos pressupostos processuais e condições da ação de execução e da proposta doutrinária da exceção de pré-executividade como alternativa para defender os interesses do suposto devedor, no processo.

O Prof. Dr. Silvio Artur Dias tematiza o capítulo oitavo sob o título de *Mortes no trânsito e dolo eventual.* O autor realiza uma reflexão sobre as mortes provocadas por "rachas" automobilísticos no contexto da distinção entre dolo eventual e homicídio culposo. Apresenta argumentos solidamente construídos à luz da decisão do STF e do Código Penal mediante uma cuidadosa e atenta interpretação da lei.

Com o tema *Lei dos juizados especiais criminais – princípios, competência e fase preliminar*, o prof. Dr. Marcelo Valdir oferece ao leitor, no capítulo nono, uma visão detalhada da fundamentação legal que instituiu esse Órgão do Poder Judiciário. O autor discorre sobre sua formação e motivação histórica, descreve e classifica os crimes de menor poder ofensivo que se aplicam ao *Jecrim* e os desdobramentos inquietantes da mecanização dos procedimentos, em determinadas situações. A Lei dos Juizados Especiais Criminais, segundo nosso autor, exprimiu certas preocupações e intenções do legislador com vistas às implicações que exigirão, dos leitores, reflexão jurídica acurada.

Em 2011, a Faculdade de Direito da PUC - Campinas comemorou sessenta anos de existência e de tradição jurídica no país, e é sob esse espectro que o presente livro articula os diversos temas do Direito. Soma-se, ainda, dez anos de contribuições ao ensino de Direito da ABEDI (Associação Brasileira de Ensino de Direito), bem como o Provimento 136/09 do Conselho Federal da OAB e a Resolução nº 9/04. O denominador comum desses fatos históricos é o Direito. Seja o Direito na condição de ciência moderna, como uma aplicação especial de hermenêutica, seja como o ensino do Direito a questão que rememoramos (passado-presente), isto é, tornamos presente e projetamos ao futuro.

O homem é um ser inacabado até a morte. É um ser em construção. É projeto. Da mesma forma, pode-se conceber a educação com o diferencial de que seu objetivo é humanizar o homem. O Direito, por sua vez, é a ciência que mais opera com os valores sociais e, dada a convulsão tecnológica experimentada atualmente, é palco de constantes transformações das quais desdobram novas especialidades, por exemplo: Direito Autoral, Direito Informático, Direito Societário, Direito em Investimento Estrangeiro e Biodireito, apenas para citar algumas. Assim, a pretensão desta obra é modesta. É um primeiro passo na busca do sentido do Direito e de sua relevância para a sociedade brasileira.

Esta obra destina-se a estudantes, para motivá-los quanto a iniciativa a pesquisas; a professores e pesquisadores que atuam na área do Direito e/ou áreas afins e desejam ampliar seus horizontes intelectuais sobre os temas aqui propostos a título de reflexão inicial ou, simplesmente, debatê-los.

Hermenêutica Jurídica de H-G. Gadamer: A Interpretação do Texto Jurídico para o Historiador Jurídico e o Jurista

Marcos J. A. Lisboa[4]

Introdução

O presente texto tem por objetivo refletir, de forma suscinta, sobre as contribuições filosóficas de H-G. Gadamer de sua teoria hermenêutica jurídica, na obra *Verdade e Método* (1960), capítulo 2, seção 2.2.3 e de sua importância para a análise de uma nova concepção do Direito contemporâneo e sua problemática. Objetiva-se, também, introdução ao tema hermenêutica no sentido mais amplo do termo porque, não obstante, na discussão acerca do tema "hermenêutica jurídica" identificamos certa confusão ao atribuir ao termo "hermenêutica" o mesmo status de dogmática jurídica motivo, pelo qual, como dito anteriormente, essa reflexão passa, necessariamente, por uma contextualização histórica do tema geral: Hermenêutica.

O desenvolvimento da hermenêutica na condição de disciplina filosófica desde sua gênese na exegese bíblica (Danhamer) perpassa diversos momentos caracterizando as contribuições de importantes autores, a saber: F. Scheleiermacher (Hermenêutica Romântica), W. Dilthey (Hermenêutica Histórica), Martin Heidegger (Ontologia Hermenêutica), E. Betti (Teoria Hermenêutica), H. G. Gadamer (Hermenêutica Filosófica) e outros autores como O. Apel e J. Habermas (Hermenêutica Crítica), e Paul Ricoeur (Hermenêutica Fenomenológica)[5].

Trata-se, especialmente, de examinar a zona de intersecção entre hermenêutica filosófica e hermenêutica jurídica examinando as investigações filosófico-jurídicas de Gadamer e Betti, respectivamente.

---

[4] Mestre em Filosofia, Docente da PUC-Campinas, no curso de Graduação e Pós-graduação em Direito.

[5] Por questões de ordem didática, não examinaremos os autores posteriores à Gadamer. Tal proposta será objeto de trabalho ulterior.

Notar-se-á, aqui, a problemática existente entre o jurista e o historiador jurídico em relação a um mesmo texto jurídico.

Nesses termos, será explorada sua origem, etimologia e os diferentes momentos da ampliação do conceito "hermenêutica" vem à tona a questão da relação entre hermenêutica e Direito, principalmente o Direito pontuado pela positividade e das técnicas de interpretação dogmática, a medida que caracteriza-se por técnicas e regras de interpretação das leis, sua objetividade e outras questões implicadas tais como o exame dos conceitos de segurança jurídica, eficácia e validade.

1. Hermenêutica Geral

A hermenêutica é, no contexto mais amplo de sua própria definição, "a filosofia da interpretação do sentido"[6]. A origem etimológica remonta à antiguidade clássica grega onde o verbo grego *hermeneuein* significa *interpretar*, e o substantivo *hermeneia* que, por sua vez, é traduzido por interpretação. Interpretar é decifrar o sentido que está oculto e que, portanto, desvelar seu significado. Em Édipo Rei, de Sófloces, por exemplo, a passagem em que a esfige diz ao herói: "Decifra-me ou devoro-te!", é muito sugestiva. É a metáfora do processo de compreensão da realidade tornando-a inteligível. É tornar compreensível e acessível o sentido, o que está oculto ao entendimento.

Por esse motivo, podemos compreender, a princípio, porque a hermenêutica tem suas raízes, também, na tradição religiosa e divinatória. Na Grécia Antiga, a intermediação entre deuses e homens era função do deus Hermes, a quem se atribuiu a origem etimológica do termo hermenêutica, mas essa identificação é um tanto quanto controversa. Hermes, portanto, traduzia e tornava-a inteligível ou compreensível as palavras dos deuses aos homens. Encontramos relatos em Homero[7] e também em Platão, em *Íon*[8], que associava Hermes ao discurso. Notaremos, a partir daqui, que, apesar da complexidade que

---

6 BLEICHER, J. *Hermenêutica contemporânea*. Lisboa: Edição 70, 1980.

7 Hino Homérico a Hermes, no período Arcaico.

8 PLATÃO. *Íon*, 534e.

o conceito "hermenêutica" assumiu nesse processo histórico, o componente "intérprete" é indispensável para estabelecer a comunicação entre dois "mundos" ou duas entidades distintas ou ainda entre o leitor e o autor de um texto que não fazem uso da mesma linguagem ou código linguístico ou das mesmas concepções ou estejam distantes cultural e históricamente.

Interpretar, de certa forma, requer habilidades de mediação cultural e de competência linguística que superam questões de ordem técnica e científica. Derivada do substantivo *hermeneia* e do verbo *hermeneuein* implica três usos ou orientações[9], ao mesmo tempo, a saber: hermeneia como "dizer", "explicar" e "traduzir". Em outras palavras, interpretar pressupõe o uso destes três modos simultaneamente.

1.1 Etimologia e Origem

Da origem do termo, hermenêutica deriva da palavra grega *hermeios*, como nos ensina Palmer[10]: "hermeios referia-se ao sacerdote do oráculo de Delfos"[11]. Esse deus mensageiro tem uma função de transmutação. Esta pode ser entendida não como o termo sugere em alquimia, mas em "transformar tudo aquilo que ultrapassa a compreensão humana em algo que essa inteligência consiga compreender"[12]. Diz, ainda, nosso autor:

> As várias formas da palavra sugerem o processo de trazer uma situação ou uma coisa, da inteligibilidade à compreensão. Os gregos atribuíam a Hermes a descoberta da linguagem e da escrita – as ferramentas que a compreensão humana utiliza para chegar ao significado das coisas e para transmiti-lo aos outros.[13]

---

9 Empresta-se, aqui, o termo "orientações" de Richard Palmer descrita em sua obra *Hermenêutica* mencionada nas referências deste capítulo.

10 PALMER, R. E. *Hermenêutica*. Lisboa: Edições 70, 2006.

11 Idem. p. 24.

12 Loc. Cit.

13 Loc. Cit.

As origens etimológicas do termo associadas a Hermes estão, umbilicalmente, relacionadas a orientações, vertentes ou usos do significado do verbo e substantivo, *hermeneuein* e *hermeneia*. Em outras palavras, interpretar significa, como dissemos anteriormente, dizer, explicar e traduzir. Diz Palmer:

> *A interpretação pode referir-se a três usos bastante diferentes: uma recitação oral, uma explicação racional e uma tradução de outra língua – quer para o grego quer para português. Podemos notar que o "processo Hermes" originário está em ação: nos três casos, há algo de diferente, de estranho e de esparado no tempo, no espaço ou na experiência, que se torna familiar, presente e compreensível; há algo que requer representação, explicação ou tradução e que é, de certo modo, "tornado compreensível", "interpretado".[14]*

1.1.1 Hermeneuein Como Dizer

Dizer, entendido como interpretação é afirmar algo e, também, proclamar ou anunciar. Refere-se ao intérprete porque dizer, proclamar ou anunciar exigem performance, um modo de dizer, isto é, interpretar; tal afirmação deve ser apropriada, apreendida pela inteligência, pela razão. No entanto, afirmar algo pelo "dizer" não significa, tão somente, verbalmente ou oralmente como na recitação de um poema. Apesar, desde muito tempo, de a linguagem falada ter precedência em relação à escrita, por essa trazer em seu bojo mais expressividade[15] e que, portanto, seu sentido poderá, apenas, ser captado pela audição. Podemos notar isso, por exemplo, em relação à tradição Hebraico-judaica e, também, pela Cristã ao apelarem aos fiéis, nos ritos litúrgicos, respaldados em seus textos sagrados, a ouvirem os profetas que transmitem a mensagem de Deus, ao descreverem que o anjo anunciou, que Deus falou aos profetas ou sobre a importância do testemunho de fé, etc.

Cabe ressaltar, porém, que a interpretação no "dizer" não é uma forma passiva de comunicar ou expressar o sentido da e na mensagem

---

14 Idem. p. 25.

15 Vide *Carta Sétima* e *Fédro*, de Platão.

como se sua significação já estivesse registrada e devidamente repro-
duzida ou copiada tal como numa imagem fotográfica. O processo é
vivo e criativo. É novo para o intérprete e para seu contexto em que
característico de processo de desenvolvimento e mudança, visto que
mensagem é objeto de sua manipulação, o uso ou manejo. Diz Palmer:

> *Um intérprete oral tem apenas um envólucro do original –
> contornos de sons sem indicação do tem, ênfase ou atitude,
> e, no entanto, tem que reproduzir sons vivos. Mais uma vez,
> aquele que reproduz tem de chegar aos sentidos das palavras,
> de modo a exprimir, mesmo que seja uma só frase.*[16]

A compreensão exige pré-compreensão, ou seja, "o processo é
um paradoxo confuso: para lermos algo torna-se necessário compreender previamente o que vai ser dito e, porém, essa compreensão
deverá vir da leitura"[17]

Esse é o problema central da hermenêutica: o da compreensão
da linguagem, visto que, na orientação proposta do "dizer" está implícita na interpretação dos textos escritos. Em outros termos, na leitura
das palavras escritas subvocalizamos como uma interpretação oral
substituindo a visão pela audição de forma dialética formando um
círculo hermenêutico. A obra não se limita, apenas, ao texto no sentido
puramente conceitual, petrificado e fixo no tempo em que foi concebido, elaborado, mas torna-se evento, é uma palavra que acontece.
Nota-se, aqui, o seu caráter existencial do dizer da hermenêutica.

1.1.2 Hermeneuein Como Explicar

Na orientação "explicar", interpretar é exprimir, isto é, "explicar,
também é uma forma de interpretação".[18] Explicação é uma forma de
interpretação na qual se destaca a importância da relação método-
-objeto. Isso quer dizer que método e objeto não estão separados no
processo de interpretação como pretende as ciências que visam um

---

16 Op. Cit. p. 27
17 Loc. Cit.
18 Idem. p. 31

conhecimento objetivo mediante processos metodológicos. O significado que se busca está relacionado com o contexto e é isso que se chama de pré-compreensão. Em outras palavras, a relação entre método-objeto passa, necessariamente, pela superação da dicotomia para o sentido emergir do contexto.

> *Falar de um objeto independentemente de um sujeito que o perceba é um erro conceitual causado por um conceito realisticamente inadequado, quer de percepção quer do mundo; mas, mesmo aceitando esse conceito, será pertinente falar de sentido e de significado fora de sujeitos que o percepcionem?*[19]

A pré-compreensão é uma compreensão parcial e esse constitui um dos importantes problemas hermenêuticos. Devemos, no entanto, considerar que explicar, como forma de interpretação, depende do dizer (pré-compreensão da explicação) e mesmo nesse compreender o que é dito via explicação. Nota-se, aqui, a fusão de horizontes, como ensina Gadamer, uma inter-relação de "compreensões" delimitados por significações históricas e culturais, e mediados pela linguagem. Tal fusão de horizontes abrangem, pelo menos, dois elementos importantes separados pelo tempo e espaço, o autor e o leitor. Por questões de ordem didática; porém, esse conceito será desenvolvido, adequadamente, mais adiante.

1.1.3 Hermeneuein, Como Traduzir?

Tradução como forma de interpretação é tornar compreensível o idioma, a língua que nos é desconhecida e ininteligível. Nesse ponto de nossa reflexão, notamos, mais uma vez, a importância do intérprete que atua como mediador entre dois mundos (concepção de mundo, cultura, história, linguagem) e que, por essa mesma razão não se limita a tradução mecânica das palavras, mas, deve-se considerar, para devida compreensão, os bens simbólicos da cultura e da forma como, através da linguagem, o homem faz a cultura e a cultura faz o homem.

---

19 Idem. p. 34

A tradução torna-nos conscientes de que a própria língua contém uma visão englobante do mundo, à qual o tradutor tem que ser sensível, mesmo quando traduz expressões individuais. A tradução apenas nos torna mais totalmente conscientes, de modo como as palavras na realização moldam nossa visão de mundo, mesmo as nossas percepções. Não há dúvida de que a língua é uma repositória de uma experiência cultural, existimos nesse medium e através dele, vemos através de seus olhos.[20]

2. Definições de Hermenêutica

O significado mais comum atribuído à hermenêutica associa esta à interpretação dos textos sagrados (Sagradas Escrituras). No entanto, há uma distinção que se deve notar entre exegese e hermenêutica. Enquanto uma limita-se a compreender o texto em sua forma e, como se denomina em metafísica, essência (propriedades imutáveis), mas não somente como gênero ou obra literária, mas também, histórico-cultural ou, em síntese, é a própria interpretação; a última (ciência da interpretação) examina e estabelece os princípios de interpretação, no caso bíblico, para se aproximar da intenção primeira do autor do texto e de articulá-lo com a experiência cotidiana da realidade atual, ou seja, é o estudo ou reflexão sobre as diferentes formas e técnicas de interpretação. A hermenêutica estabelece limites e o alcance das técnicas interpretativas.

Então, a exegese, antes da hermenêutica, tinha como tarefa a correta interpretação da Escritura tanto no Antigo quanto no Novo Testamento da teologia cristã. Nos séculos II e III, a exegese patrística e escolástica alternavam-se na busca de atingir o sentido literal ou espiritual da narração bíblica, e até um modo histórico-filológico de interpretar o texto sagrado combinando as duas tendências. No entanto, o dualismo de tendências exegéticas prevaleceu e se agravou até o começo da idade moderna.

Nota-se aqui que a problemática hermenêutica que hoje debatemos é, em si, retomada histórica e cultural de uma questão anterior.

---

20 Idem. p. 37

A Reforma Protestante liderada por Martinho Lutero conduz a interpretação do texto sagrado por si mesmo (*sui ipisius intrepres*). Esse princípio hermenêutico conduz a reação da Igreja Católica declarada no Concílio de Trento que estabelece como verdadeiro e único princípio hermenêutico compreender as Escrituras a partir da vida e doutrina da Igreja.

A situação agrava-se com as contribuições filosóficas do iluminismo que, paulatinamente, influenciavam a teologia protestante. A redução à racionalidade ou ao esclarecimento racional torna-se outro critério ou princípio hermenêutico. É o que se pode evidenciar nas leituras de Locke, Kant e Hegel, por exemplo, sobre interpretação. Em outras palavras, a tendência é compreender os conteúdos dos textos sagrados à luz dos pressupostos teórico-filosóficos de determinados sistemas ou autores.

Outra vertente é pautada na metodologia histórico-crítica justificando a importância de pesquisa científica, e, portanto, objetiva das Sagradas Escrituras. Tal movimento, no entanto, sofre certa relativização quando nota-se seus limites no que tange à uma compreensão mais profunda do próprio texto, isto é, traduz-se nas questões: Qual é o verdadeiro significado do texto sagrado? Como um texto pode ser compreendido a partir da linguagem? Qual é o seu sentido verdadeiro?

A partir desse ponto, nota-se, em estágio embrionário, um modo de interpretação existencial, reconhecido nas contribuições de R. Bultmann mediante o termo "desmitologização" ou "desmitização" segundo outras fontes. É a tentativa de atualizar a Palavra Sagrada para o homem, tornando mais compreensível seu sentido a partir de seu próprio contexto histórico-cultural. Trata-se, portanto, de uma compreensão antropológico-existencial. Essa corrente de pensamento tem raízes profundas no pensamento de Martin Heidegger, em sua interpretação existencial-ontológica e que se desdobrará, depois, no exame da existência humana e a questão da linguagem, do Ser, da história e da compreensão.

A questão é saber se o que pretendemos fazer não é o mesmo que outros autores, a saber: usar de determinados pressupostos filosóficos como parâmetro de interpretação. A existência seria um ponto de partida válido para compreender a Bíblia?

Cabe ressaltar, porém, que a questão do dualismo da compreensão não permaneceu restrita apenas à jurisdição do protestantismo, mas também se estendeu ao catolicismo representado por Alfred Loisy e Maurice Blondel. Mas esse é apenas o contexto exegético teológico do qual se desdobrou a questão hermenêutica.

3. O Contexto Filosófico: A Hermenêutica Geral

O contexto filosófico, como nos apresenta Coreth[21], em sua obra *Questões fundamentais de hermenêutica*, nasce com F. Scheleiermacher que pretendia conferir um caráter mais universalizante à hermenêutica do que a restrição ao círculo bíblico-teológico. Em outras palavras, é ampliar o horizonte de atuação da filosofia da interpretação do sentido caracterizando-o como ciência ou arte da compreensão. A interpretação remete a todo e qualquer texto.

> *Ele tomou o termo da linguagem tecnológica, mas o problema bíblico-hermenêutico da correta compreensão e interpretação da Sagrada Escritura é posto por ele por ele no horizonte mais amplo de uma interpretação histórica e literária - que se dirá mais tarde ser das ciências do espírito - que ele procura esclarecer filosoficamente.[22]*

Essa ciência da compreensão é, portanto, hermenêutica geral porque, se é que podemos entender assim, generaliza o uso dos métodos de interpretação. E continua ao afirmar que a compreensão como finalidade última da hermenêutica e à medida que remete, também, às críticas de Gadamer ao conceito de Scheleiermacher "Vivência". "A hermenêutica é para Scheleiermacher a 'arte da interpretação' ou mais exatamente, uma arte que, como tal, não visa o saber teórico, mas sim o uso prático, isto é, a práxis ou a técnica da boa interpretação de um texto falado ou escrito".[23]

A importante contribuição de Scheleiermacher[24] é o conceito de círculo hermenêutico que o próprio Gadamer é a regra que perpassa

---

21 CORETH, E. *Questões fundamentais de hermenêutica*. São Paulo: EPU, 1973.

22 Idem. p. 18.

23 Idem, pp. 18-19.

24 Scheleiermacher apoia-se na filosofia transcendental e no romantismo a fim de desenvolver sua concepção de hermenêutica.

todo debate filosófico e também teológico da problemática hermenêutica desde a exegese bíblica até a contemporaneidade e que se traduz na lógica interna da comprensão hermenêutica, isto é, a compreensão do todo de um texto passa, necessariamente, pela compreensão de suas partes e essas, também, obrigatoriamente, dependem da compreensão do todo, ou ainda, para compreender algo é necessária uma pré-compreensão.

A influência das tradições filosóficas nas quais se apega Scheleiermacher para conceituar a hermenêutica implica em uma crítica epistemológica que impulsionará as contribuições de Dilthey que a realizará, mas, com mais vigor.

> *Daqui fez provir uma forma de questionar as condições de possiblidade da interpretação válida e uma nova concepção do processo de Compreensão. Essa é agora perspectivada como uma reformulação e uma reconstrução criativas. A tônica de Fichte na produtividade o Eu ativo (ego) levou Scheleiermacher à descoberta da lei hermenêutica de que todo o pensamento do autor tem de estar relacionado com o sujeito ativo e organicamente desenvolvido: a relação entre individualidade e totalidade tornou-se o foco da hermenêutica romântica.[25]*

Com Scheleiermacher, podemos inferir que a ruptura com o ponto de partida dogmático referente à metodologia específica da exegese bíblica foi decisivo para entender "a hermenêutica é tanto arte como ciência; procura reconstruir o ato criador original – 'como realmente foi'".[26]

3.1 A Hermenêutica Histórica: A Epistemologia das Geisteswissenschaften

Geisteswissenschaften é a denominação para "Ciências do Espírito" que são "todas as disciplinas centradas na compreensão da arte, do comportamento e da escrita do homem".[27] Em outras palavras, são as ciências humanas e culturais denominadas pelos historicistas, dentre os quais destaca-se W. Dilthey.

---

25 BLEICHER. 1980, p. 27

26 Idem, p. 29.

27 PALMER, 2006, p. 50.

Dilthey concebeu a hermenêutica como metodologia *Geisteswissenschaften*. "A sua pretensão de constituir a condição prévia de toda a compreensão foi transformada em garante de objetividade nas reconstruções metódicas dos acontecimentos históricos [...]"[28].

O dualismo entre ciências naturais e do espírito a partir de métodos distintos elaborado por Dilthey esclarece-nos e ressalta a influência de Schleiermacher e, também, destaca o desenvolvimento do primeiro em relação às contribuições do segundo. Primeiramente, o método das ciências naturais constitue-se como análise e explicação; o método das *geisteswissenschaften*, por sua vez, pressupõe compreensão. Diz Dilthey que "esclarecemos por meio de processos intelectuais, mas compreendemos pela cooperação de todas as forças sentimentais na apreensão, pelo mergulhar das forças sentimentais no objeto"[29].

Essa passagem é esclarecedora porque retoma e potencializa o conceito de pré-compreensão, como concepção psicológica[30] e, que posteriormente, será abandonada em favor de uma orientação mais objetiva.

> *Na compreensão, partimos da conexão do todo, que nos é dado vivo, para, por meio dele, tornar apreensível para nós o individual. [...] A compreensão refere-se às formas objetivas históricas, cujas estruturas que ele designa também, com a expressão de Hegel, como "espírito objetivo". Essas objetivações da vida são o objeto das ciências do espírito: trata--se de comrpeendê-las. Na medida, porém, em que brotam da vida e objetivam o evento vital, a vivência constitui o acesso à compreensão. Na vivência se abre a unidade da vida, pela qual se há de compreender cada uma das manifestações vitais. Logo, a compreensão se funda na vivência: "a compreensão pressupõe a vivência".[31]*

De qualquer forma, o importante, aqui, é notar a distinção entre ciências naturais e do espírito no que tange o método. O que Dilthey propõe é uma crítica da razão histórica. Trata-se, enfim, de uma crítica epistemológica aos moldes kantianos. E é igualmente importante aprender que o

---

28 BLEICHER, op. Cit, pp. 29-30.

29 DILTHEY, W. *Einleitung in die Geisteswissenschaften*, Leipzig, 1883, p. 328. Apud. CORETH, op. cit. p. 20.

30 As críticas a esta concepção foram lançadas por H. Rickert e E. Husserl.

31 Idem, pp. 20-21.

conceito de apreensão desdobrada dessa distinção está na diferença entre esclarecer (ciências naturais) e compreender (ciências do espírito ou histó-ricas). Nesses termos, "a verdade de que a compreensão de um conteúdo individual aparece condicionada por uma totalidade simultaneamente apreendida ou pressuposta,[...] se exprime pelo conceito de "horizonte".[32]

3.2 Hermenêutica: Explicação Fenomenológica da Existência Humana

Martin Heidegger, em sua obra *Ser e Tempo*, denominou sua análise da compreensão como "Hermenêutica do Dasein". "Dasein"[33] pode-se traduzir como existência. "A compreensão é a existência do ser-aí". "Ser-aí" é o homem situado e que existe no mundo. Em outras palavras, poderíamos dizer que "o homem é um ser que existe compreendendo".[34]

> *A hermenêutica no Ser e Tempo não quer dizer a arte da interpretação, nem a própria interpretação, mas, antes, a tenta-tiva de determinar a essência da interpretação, antes de tudo, pela hermenêutica como tal; isto é, pela essência hermenêutica da existência, a qual, compreendendo-se originalmente, inter-preta a si mesma no mundo e na história.[35]*

Na ontologia hermenêutica de Heidegger[36], o conceito de círculo hermenêutico é ampliado.

> *Toda compreensão apresenta uma estrutura circular, visto que só dentro de uma totalidade já dada de sentido, uma coisa se manisfesta como uma coisa, e uma vez que toda a interpre-tação – como elaboração de compreensão – se move no campo da compreensão prévia, pressupondo-a, portanto, como condi-ções de possibilidade.[37]*

---

32 Idem, pp. 22-23.

33 Pode-se traduzi-lo, também, como ser-aí, ser-no-mundo, decisão, morte...

34 Tomamos emprestada a expressão da Profa. Dra. Constança M. César, da PUC - Campinas.

35 CORETH. Loc. Cit.

36 Também pode ser concebida como Fenomenologia Hermenêutica.

37 Idem,

Toda investigação heideggeriana tem como pano de fundo o sentido do ser e para se chegar ao seu sentido é necessário um esforço interpretativo. Mas a compreensão do que é o ser, que caracteriza Dasein, a existência cuja interpretação passa por uma compreensão prévia. Ressalta-se, aqui, mais uma vez, a importância do círculo hermenêutico. Diz Bleicher que "a circularidade do argumento, manisfesto numa concepção de interpretação que se move no interior da pré-estrutura da compreensão - de modo que pode apenas explicitar o que já foi compreendido - caracteriza o círculo hermenêutico ou ontológico-existencial".[38]

3.3 Gadamer e a Hermenêutica Filosófica: Epistemologia e Ontologia da Compreensão

Gadamer revela as influências de seu mestre Heidegger e examina as condições históricas e filosóficas da compreensão e da interpretação. Em sua obra *Verdade e Método*, desenvolve uma reflexão sobre hermenêutica, desde a hermenêutica geral com Scheleiermacher, Dilthey e Heidegger examinando suas contribuições filosóficas. Analisa as questões referentes à linguagem, à compreensão, ser, à história, à existência e à realidade.

Em relação à compreensão diz Gadamer que "toda compreensão é preconceituosa".[39] A questão que se impõe à reflexão é a conotação que o termo "preconceito" traz em seu bojo. O sentido do termo nos ensina que a tradição filosófica iluminista é negativa. É a negação da reflexão e da razão, dado que a pretensão de uma ciência objetiva, racional, não prescinde de pressuposições, ou seja, preconceitos.

Para Gadamer, os preconceitos significam pré-compreensão que historicamente são veiculados e determinados. Isto equivale dizer que nosso autor retoma o conceito de círculo hermenêutico, porém, mais propriamente admite uma "fusão de horizontes".

Entendamos, primeiramente, horizonte como o espaço ou limite de compreensão tanto do autor de uma obra quanto de um leitor. Obviamente, Gadamer não defende descobrir a intenção

---

38 BLEICHER, 2006, p. 144

39 Idem, ibidem, p. 154.

original do autor, isto é, colocar o leitor somente no ponto de vista do autor, tal como propõe Scheleiermacher. O autor, é necessário que se esclareça, está situado num determinado tempo e espaço. Está distante de nosso horizonte cultural e histórico, por essa razão, para ser devidamente compreendido, é necessário que deva-se compreender o texto a partir do nosso próprio contexto histórico. A possibilidade de compreensão se dá a partir dessa relação dialógica entre autor e leitor que, como resultado, obtém outra alternativa ampliando nossos próprios horizontes.

Diálogo ou dialógico é diferente de dialética. "Diálogo pode ser tratado como análogo da interpretação de um texto pelo fato, de em ambos os casos, se registrar uma fusão de horizonte".[40] Diz Gadamer sobre fusão de horizontes:

> [...] ambos se interessam por um objeto que é colocado diante deles. Tal como uma pessoa procura chegar a um acordo com seu parceiro em relação a um objeto, também o intérprete compreende o objeto a que o texto se refere... ficando ambos em proveitosa conversa, sob a influência da verdade do objeto e ligados assim um ao outro numa nova comunidade... [é] a transformação numa comunhão que deixamos de ser aquilo que éramos (pp. 341-360).[41]

Gadamer faz, então, uma reavaliação da função do intérprete ao por em questão seus preconceitos e no qual ele, o intérprete, está em determinado contexto histórico orientando sua compreensão. O texto é muito mais do que o autor quis dizer, é mais do que sua intenção e como a cada época é reinterpretado outras possibilidades de significação emergem.

A proposta gadameriana não se limita às questões da teoria hermenêutica de Scheleiermacher ou de ordem metodológica das *geisteswissenschaften* de Dilthey. Trata-se de uma hermenêutica de abordagem fenomenológica e de inspiração heideggeriana e não com a pretensão de estabelecer critérios ou regras de como se interpretar aos moldes de uma ciência objetiva.

A experiência hermenêutica, nessa perspectiva, caracteriza-se pela relação dialógica em que os "mundos" do intérprete e o do autor

---

40 Idem, p. 161.

41 Loc. Cit.

se mesclam. O mundo do intérprete é marcado pelo outro, ao mesmo tempo em que o outro condiciona sua leitura do outro e de si mesmo.

> *A principal tarefa do intérprete é descobrir a pergunta a que o texto vem dar resposta; compreender um texto é compreender a pergunta. Simultaneamente, um texto só se torna objeto de interpretação se confrontar o intérprete com uma pergunta. Nessa lógica da pergunta e resposta, um texto acaba por ser um acontecimento ao tornar-se atualizado na compreensão, que representa uma possibilidade histórica. Consequentemente, o horizonte do sentido é limitado e a abertura, tanto do texto como do intérprete, consittui um elemento estrutural na fusão de horizontes. Nesta concepção dialógica, os conceitos usados pelo outro, seja num texto, seja um tu, ganha nova força por se inserirem na comrpeensão do intérprete. Ao entendermos a pergunta colocada pelo texto, fizemos já perguntas a nós mesmos e, por conseguinte, abrimo-nos a novas possibilidades de sentido.[42]*

Cabe ressaltar, todavia, que essa fusão de horizontes e essa circularidade sobre as quais nos apela Gadamer depende sobremaneira da linguagem. A linguagem está presente na interpretação e constitue, segundo nosso autor, o tema principal da filosofia hermenêutica. O escopo de sua preocupação, no entanto, não está em conferir mediante a linguagem, objetividade. A realidade, a existência humana, preconceitos, o diálogo e o próprio sentido que deriva desses constituem-se como linguagem.

> *A análise linguística de nossa experiência do mundo é mais importante se comprada com tudo o que é reconhecido e designado como entes. A relação fundamental da linguagem e do mundo não significa, então, que o mundo se torne o objeto da linguagem. Ao invés, o objeto do conhecimento e das afirmações está já inserido no horizonte do universo da linguagem. A natureza linguística da experiência humana do mundo não significa a sua transformação num objeto (pp. 429, 410).[43]*

---

42 Loc. Cit.

43 Idem, p. 163.

3.3.1 A Hermenêutica Jurídica de H-G. Gadamer

Por hermenêutica jurídica gadameriana cabe distingui-la das propostas de E. Betti que percorre o itinerário das *Geisteswissenchaften* e da Dogmática Jurídica tal como a conhecemos no ordenamento jurídico brasileiro. As orientações que se seguem objetivam, tão somente, uma leitura cuidadosa do texto de Gadamer, em sua obra *Verdade e Método*[44], seção 2.2.3 intitulada "O significado paradigmático da hermenêutica jurídica".

O longo caminho percorrido até aqui se justifica pelo fato de ser o contexto histórico e cultural do qual se originou o problema hermenêutico e porque, também, intentamos fazer desse texto um modelo (obviamente imperfeito e impreciso) de hermenêutica fenomenológica aos moldes gadamerianos.

3.3.1.1 A Guisa de uma Problemática

Se o ordenamento jurídico nacional tal como o concebemos atualmente[45] define o Direito como ciência e porque não dizer tal como nos ensina Kelsen, "uma ciência rigorosa", ou seja, é concebido de modo formalista, racional e dogmático não há indícios de uma aparente contradição visto que o Direito ocupa-se de questões iminentemente humanas e históricas, tais como os valores da sociedade, a saber, justiça e verdade?

A partir das pressuposições teóricas do positivismo, em seu auge, no século XIX tiveram ressonância no começo do século XX, marcando as ciências jurídicas. Como sabe-se, notadamente, as ciências neopositivistas e pós-positivistas[46] admitem como critério de verdade e fonte do conhecimento das experiências sensíveis, e a rejeição do questionamento filosófico, axiológico, sociológico ou psicológico. No que tange a filosofia, para o neopositivismo sua única contribuição estaria no

---

44 GADAMER, H-G. *Verdade e Método*, 1960. p. 482 *et seq.*

45 Não podemos deixar de mencionar as valiosas contribuições de Miguel Reale (Modelos e fontes do Direito), N. Bobbio e outros autores consagrados.

46 Sobre o pós-positivismo consultar Robert Alexy.

âmbito da lógica formal para análise da linguagem. Dentre os mais renomados representantes destacamos mais uma vez H. Kelsen.

Com o objetivo de tornar o Direito uma ciência rigorosa Kelsen distingue, primeiramente, as ciências naturais das ciências jurídicas; seus respectivos métodos e os conceitos de Ser e Dever Ser relacionado ao Direito, isto é, o estudo da ciência jurídica restringe-se a explicar, estudar o Direito tal como é, empiricamente. Isso equivale dizer empiricamente que é acondição de positividade, eficácia do Direito; ao passo que o Dever Ser refere-se à norma jurídica. Em contrapartida a um positivismo filosófico, o positivismo jurídico é formalista, e seus princípios dogmáticos devem renunciar a historicidade, os valores e os condicionamentos sociais e culturais.

Essa nova ciência é denominada Dogmática Jurídica e se estabelece a partir do critério de positividade, leis, regras e critérios para interpretação e aplicação do Direito. Mas como examinar o conceito de interpretação sem considerar as questões de ordem filosófica e histórica elencadas anteriormente? A oposição apresentada por Dilthey acerca das ciências experimentais (naturais) e das ciências do espírito insere o Direito nessa última. No entanto, como examinado, a interpretação à luz das contribuições de Gadamer superam a proposta de técnica de compreensão das *Geisteswissenschaften* em favor de uma ontologia do intérprete e da consideração de seus condicioamentos existenciais (social, histórico, cultural...).

A interpretação do texto legal, no positivismo jurídico, é linear tal como prescreve a dogmática inspirada na lógica formal, isto é, inicialmente parte-se da interpretação, a seguir, a compreensão e, por fim, a aplicação da lei. O operador do direito, nesses termos, deve se orientar pelos métodos e tipos de interpretação usualmente descritos por expoentes como Carlos Maximiliano, na obra, Hermenêutica e aplicação do Direito[47]. É um trabalho primoroso de dogmática jurídica que, atualmente, já conta com sua 19ª Edição. E tem-se também as contribuições de Tércio Sampaio Ferraz[48] e Miguel Reale com uma nova proposição da Tridimensionalidade do Direito (fato, valor e norma) como uma contrapartida a noção de fato-norma; e de Fontes e Modelos do Direito. Comumente, é defendida a aplicação do

---

47 MAXIMILIANO, C. *Hermeneutica e aplicação do Direito*. Rio de Janeiro: Forense, 2004.

48 FERRAZ JR, T. S. *Introdução ao Estudo do Direito*. São Paulo: Atlas, 1994.

Direito limita-se à noção de subsunção, isto é, aplicação da norma ao fato concreto.

Diferentemente da dogmática, a hermenêutica gadameriana, apoiada na fenomenologia, elimina a separação sujeito-objeto mediatizado pelo tempo, pela história. Aqui, não se deve confundir com o modelo dogmático de interpretação histórica ou da *Geisteswissenscharten*. Trata-se da compreensão como parte do próprio tempo em que está situado o intérprete, de seus condicionamentos existenciais.

> *E se é assim, então a distância entre a hermenêutica espiritual--científica e a hermenêutica jurídica não é tão grande como se costuma expor. Em geral se tende a supor que foi somente a consciência histórica que elevou a compreensão a ser um método da ciência objetiva, e que a hermenêutica alcançou sua verdadeira determinação somente quando se desenvolveu como teoria geal da compreensão e da intepretação dos textos. A hermenêutica jurídica não tera a ver com esse nexo, pois não procura compreender textos dados, já que é uma medida auxiliar da práxis jurídica e inclina-se a sanar certas deficiêncis e casos excepcionais no sistema da dogmática jurídica. Por consequência não teria a menor relação com a tarefa de comrpeender a tradição, que é o que caracteriza a hermenêutica espiritual-científica.[49]*

Pode-se admitir que a compreensão é o elemento essencial que une leitor e autor, nessa relação entre presente e passado mediante um diálogo hermenêutico do qual se desdobra um novo horizonte ou uma nova expressão da realidade.

No Direito, no entanto, tem como função normativa regular o comportamento dos indivíduos e das insitituições sociais. Dessa forma, é indispensável a compreensão da norma e aplicação desta ao fato concreto, subsunção. Diz Gadamer que "compreender é, então, um caso especial de aplicação de algo geral a uma situação concreta e determinada".[50] Mas o entendimento da aplicação do Direito como simples subsunção engendra algumas dificuldades porque interpretar é aplicar a norma. Isso nos leva a refletir que, apesar de se impor o processo linear de interpretação jurídica, a interpretação, a compreensão e aplicação em momentos independentes, numa estrutura, é circular.

---

49 GADAMER, op. Cit, p. 482.

50 Idem, p. 383.

Poderíamos destacar qual é a zona de intersecção entre a hermenêutica jurídica e a hermenêutica filosófica? Há uma metodologia específica para a hermenêutica jurídica? Se houver, quais seriam os seus limites medotológicos? Quais são, também, as diferenças e semelhanças entre a tarefa do jurista e do historiador jurídico diante de um texto legal?

Essas são questões das quais nos ocuparemos a partir de agora.

Podemos dizer que, até metade do século XX, as questões que ocupavam a hermenêutica jurídica não demandavam as contribuições da hermenêutica filosófica. Aquela caracterizava-se, essencialmente, por preocupações de ordem prática e dogmático-metodológica, no esteio da linguagem positivista assegurando os aspectos formais da prática do jurista. Diz Costa (2008):

> A hermenêutica jurídica seguiu seu caminho dogmático e metodológico desenvolvendo um discurso positivista que culminou no peculiar sincretismo que moldou o senso comum teórico dos juristas nos século XX: uma base formalista e sistemática ligeiramente temperada com argumentos teleológicos. Esse é um discurso que se tornou especialmente sedutor na medida em que ele ofereceu aos juristas uma linguagem na qual eles podiam enxergar a própria prática e falar de modo transparente.[51]

O autor diz, ainda, que esses discursos, principalmente em autores como Ferrara e Maximiliano, não constituem, em si mesmos, "metodologia interpretativa, mas apenas algumas categorias básicas e alguns *topoi* capazes".[52]

O discurso dogmático, característico da dogmática jurídica, é organizado, segundo o autor, como tópica. A tópica exprime habilidades e competências que assegurem confiabilidade à prática jurídica e, também, à ordem jurídica considerando as transformações sociais em termos de teoria dos lugares comuns e teoria da argumentação[53], e tópica formal e material.

Em outras palavras, dada a ambiguidade característica da linguagem humana, sua polissemia, o aplicador do Direito usa

---

51 COSTA, A. A. *Direito e Método: diálogos entre hermenêutica filosófica e hermenêutica jurídica* (Tese de doutoramento), UNB: 2008, p. 175.

52 Loc. Cit.

53 FERRAZ JR. Tércio Sampaio. *Op. Cit* . p. 327.

da tópica a fim de interpretar o fato dado, problemático de uma sociedade em constante processo de mutação, para, consequentemente, não absolutizar a norma, isto é, há várias interpretações para o mesmo fato. O pensamento tópico, portanto, não é sistemático tal qual a ciência.

Diz Ferraz Jr. a respeito de tópica que "trata-se de um estilo de pensar e não propriamente de um método, ou seja, não é um conjunto de princípios de avaliação da evidência nem de cânones [...] em suma não se trata de um procedimento verificável rigorosamente".[54]

Maximiliano afirma que "a hermenêutica é a teoria científica da arte de interpretar".[55] No entanto, a tópica e dogmática no seio da tradição jurídica que prima, no discurso, pela resolução de questões de ordem prática e concreta padece pela falta de cientificidade e medotologia.

Dessa forma, compreende-se em grande medida a contribuição de H. Kelsen, em sua obra *Teoria pura do Direito*. A partir do termo "pura", no viés neopositivista, tornou evidente que a prática jurídica, no discurso dogmático, não está isenta de valoração (ideologias) e, portanto, é pseudocientífica. Seu objetivo, na elaboração da Teoria pura do Direito é estabelecer o divisor de águas entre o que caracteriza a ciência do Direito (teoria científica) e prática jurídica (dogmática) de seu tempo.

Como metodologizar cientificamente modelos interpretativos pautados em tópica?

Na metade do século XX, muitos foram os esforços para formular métodos e concepções científicas que atendessem às questões da prática jurídica, isto é, um método racional de aplicação ao caso concreto, no tocante à interpretação das normas, visto que as ciências humanas constituíram-se *loci* de imprecisão e insegurança para o aplicador do Direito. Este foi o contexto histórico no qual destacamos as contribuições de E. Betti.

A metodologia interpretativa de Betti propunha debruçar-se sobre o Direito de forma sistemática, objetiva e precisa, superando a dicotomia do formalismo/legalismo da tradição jurídica e o subjetivismo das teorias sociológicas. No entanto, a objetividade perseguida

---

54 Loc. Cit.

55 MAXIMILIANO, C. *Op. cit*, p. 277.

pelo autor volta-se para a conceituação de Scheleiermacher sobre o sentido do texto, na congenialidade intérprete e autor.[56]

Cabe ressaltar, porém, que para Scheleiermacher seus objetos eram os textos literários problematizados filosoficamente e não mais de forma filológica e teológica. A hermenêutica jurídica, por sua vez, não estava incluída na hermenêutica geral. Assim, a fim de conferir autonomia hermenêutica à esfera de interpretação jurídica, Betti propõe inserir a hermenêutica jurídica como problema filosófico ou como um caso especial da hermenêutica geral.[57] Objetivava formular uma hermenêutica jurídica adequada aos padrões de cientificidade da época, com vistas à aplicação metodologicamente correta de normas a casos concretos.

Nesses termos, ao propor uma nova abordagem, Betti reconhece que ao interpretar um texto jurídico há perspectivas diferentes, a saber, a do literato, do historiador e do jurista. E são esses dois últimos que interessam para essa reflexão a propósito das contribuições de Gadamer.

Betti e Gadamer constituem a base do debate hermenêutico contemporâneo no entrelaçamento da hermenêutica filosófica e da hermenêutica jurídica, como já foi dito anteriormente.

A preocupação do primeiro estava voltada para questões de ordem racional-metodológica, histórica, objetiva, neutralidade e impessoal da aplicação do Direito, ao passo que o segundo, Gadamer, na direção contrária visava desconstruir essa concepção e considerar os contextos históricos no processo de interpretação e aplicação dos textos jurídicos.

Os quatro cânones (regras básicas) oferecidos por Betti aos juristas para interpretação e aplicação do texto legal na pretensão de assegurar ordem jurídica e decisão correta, no embate com a proposta gadameriana, evidenciam suas limitações hermenêuticas porque não consideram a historicidade da qual a resolução do caso concreto não pode escapar.

Na seção 2.2.3 de *Verdade e Método* "O significado paradigmático da hermenêutica jurídica"[58], Gadamer aponta para a questão

---

56 COSTA, A. A. *Op. Cit*, p. 180.

57 Idem. p. 181.

58 GADAMER, H-G. *Verdade e Método*, 1960. p. 482.

de relacionar hermenêutica a partir dos pressupostos da ciência moderna. A partir daí, o autor discorrerá sobre a hermenêutica jurídica e a hermenêutica histórica considerando o caso de se ocuparem do mesmo objeto, o texto jurídico. Assim, Gadamer, a partir das contribuições de Betti, examinará as semelhaças e as diferenças de função entre o jurista e o historiador jurídico na interpretação e na aplicação do mesmo texto legal.

Ao jurista cabe determinar o sentido (ou conteúdo) normativo da lei em relação ao caso concreto (subsunção). Diz Gadamer:

> *[...] não pode sujeitar-se a que, por exemplo, os protocolos parlamentares lhe ensinariam com respeito à inteção dos que elaboraram a lei. Pelo contrário, está obrigado a admitir que as circunstâncias foram sendo mudadas e que, por conseguinte, tem de determinar de novo a função normativa da lei.[59]*

A função histórica da hermenêutica jurídica, segundo Savigny, não considerava a mudança histórica da realidade e a questão do sentido originário da lei e sua aplicação.

O historiador jurídico, por sua vez, "é o sentido originário da lei, qual seu valor e intenção no momento em que foi promulgada".[60] Mas adverte Gadamer sobre a dificuldade de se chegar ao reconhecimento disso. Assim, conclui que tanto o jurista quanto o historiador jurídico, nesse aspecto, realizam a mesma função. "Não há acesso imediato ao objeto histórico capaz de porporcionar objetivamente seu valor posicional".[61] Mas para o historiador jurídico o texto legal é um caso especial.

Gadamer diferencia o historiador jurídico do jurista:

> *[...] por sua vez, "procura corresponder à ideia jurídica da lei, intermediando-a com o presente. É evidente, ali, uma mediação jurídica. O que tenta reconhecer é o significado jurídico da lei, não o significado histórico de sua promulgação ou certos casos quaisquer de sua aplicação. Assim, não se comporta como historiador, mas se ocupa de sua própria história, que é seu próprio presente.[62]*

---

59 Idem, p. 485.

60 Loc. Cit.

61 Idem. p. 486.

62 Idem, p 487.

A questão histórica da compreensão proposta por Gadamer não está na descoberta da intenção do legislador. A finalidade da hermenêutica jurídica é encontrar o sentido do Direito no processo de aplicação da norma. A questão do intérprete, o operador do Direito, é a de descobrir a pergunta a qual o texto vem em resposta e, como já foi examinado anteriormente, trata-se do processo de pré-compreensão. É produzir um novo sentido considerando sua pré-compreensão e o impacto que o horizonte do texto produz ao interpretá-lo. Como diz o autor, é sempre o início de um novo processo interpretativo e aplicativo da norma jurídica.

Os textos jurídicos, segundo Gadamer, "devem ser interpretados juridicamente e compreendidos históricamente".[63] Aqui, ressalta-se a diferença entre o historiador jurídico (interesse histórico) e o jurista (interesse dogmático).

> *O jurista toma o sentido da lei a partir de e em viturde de um determinado caso dado. O historiador, pelo contrário, não tem nenhum caso de que partir, mas procura determinar o sentido da lei na medida em que coloca construtivamente na totalidade o âmbito de aplicação da lei diante dos olhos. Somente no conjunto dessas aplicações torna-se concreto o sentido de uma lei. O historiador não pode contentar-se, portanto, em oferecer a aplicação originária da lei para determinar seu sentido originário. Enquanto historiador, ele está obrigado a fazer justiça às mudanças históricas pelas quais a lei passou. Sua tarefa será de intermediar compreensivamente a aplicação originária da lei com a atual.[64]*

Essa ideia é pertinente ao pensamento de E. Betti, outro grande expoente da hermenêutica juridical, que se apoia em questões de ordem metodológica, mas que segundo nosso autor, impõe dificuldades e limitações tanto para o jurista quanto para o historiador.

> *Uma delimitação desse tipo implicaria que o labor do jurista seria mais amplo, e incluiria em si, também, o do historiador. Quem quiser adaptar adequadamente o sentindo de uma lei tem de conhecer também o seu conteúdo de sentido originário. Ele tem de pensar também em termos histórico-jurídicos. Só que a compreensão histórica não seria, aqui, mais do que um meio*

---

63 Idem, p. 483.

64 Idem, p. 483-484.

para um fim. Na direção oposta, a tarefa jurídico-dogmática não interessa ao historidador como tal. Como historiador, ele se movimenta numa contínua confrontação com a objetividade histórica para compreendê-la em seu valor posicional na história, enquanto o jurista, além disso, procura reconduzir essa compreensão para a sua adaptação ao presente jurídico.

Toda interpretação requer, para compreender o texto, relacioná-lo ao contexto. Para tanto, Gadamer examina as relações entre hermenêutica teológica e jurídica; distância entre hermenêutica científica e jurídica; a distinção entre a atividade do historiador jurídico e do jurista que, em determinados momentos se aproximam de um denominador comum, ora se distanciam por questões de método e objetivo. Mas não podemos nos esquivar da diferença entre hermenêutica jurídica e interpretação jurídica.

Ao passo que a interpretação jurídica refere-se à noção de técnica; a hermenêutica jurídica, por sua vez, constitui-se como sistema de técnicas e métodos interpretativos, princípios e normas que orientam a prática interpretativa. Maria Helena Diniz, por exemplo, diz que a hermenêutica é "teoria científica da arte de interpretar".[65] Eros Grau concebe a hermenêutica como "saber prática, a phronisis, a que se refere Aristóteles"[66] e afirma também que interpretar "é dar concreção (concretizar) ao Direito".[67]

Toda atividade jurídica do operador do Direito, em especial o magistrado, o intérprete, por excelência, está relacionada diretamente à hermenêutica. Com o objetivo de dirimir os conflitos existentes na sociedade aplicando à norma ao fato, é necessário apropriar-se do sentido dessa mesma norma. Diz Ferraz Jr. que "a determinação do sentido das normas, o correto entendimento do significado de seus textos e intenções, tendo em vista decibilidade de conflitos constitui a tarefa da dogmática hermenêutica".[68]

Nesse ponto, cabe uma ressalva. O que Ferraz Jr., nesse trecho concebe como hermenêutica está circunscrita somente à dogmática jurídica, ao conjunto de regras que estabelece em sua obra. A mesma distinção estabelece Carlos Maxilimiliano. A propósito, as referências

---

65 DINIZ, M. H. *Curso de Direito Civil: teoria geral do direito civil.* São Paulo: Saraiva, 2002. p. 64

66 GRAU, E. *Ensaio e discurso sobre interpretação: aplicação do direito.* São Paulo: Malheiros, 2005, p. 35

67 Idem, p. 34.

68 FERRAZ JR., *Op. Cit*, p. 252.

de Eros Grau à interpretação ou à função do intérprete como *phronésis* (prudência) está presente em Maximiliano mediante as noções de bom senso e equidade. Diz Maxilmiliano que "talvez constitua a hermenêutica o capítlo menos seguro, mais impreciso da ciência do Direito; por que partilha da sorte da linguagem".[69] Essa passagem é significativa e corrobora as ideias acerca do positivismo jurídico e suas implicações no processo interpretativo.

3.3.1.2 Por que deveria haver uma Hermenêutica Jurídica?

Se, além da possibilidade de haver uma hermenêutica jurídica, seria esta uma aplicação especial da hermenêutica geral ou teoria da compreensão?

Se, por um lado, concebe-se, geralmente, que a hermenêutica jurídica não se ocupa da compreensão e segue como orientação de uma prática (e não de uma *práxis* no sentido grego e filosófico) e da dogmática jurídica, então, não haveria relação com a questão da compreensão da tradição que em última instância caracteriza a teoria da compreensão. "Toda compreensão do individual é condicionada pela compreensão do todo" (*Hermeneutik*, 2ª Edição, org. Heinz Kimmerle, Heidelberg, 1974, p. 46).

---

69 MAXIMILIANO, C. *Op. Cit*, p. 09.

ᦓᦈ Conclusão ᦉᦉ

Conforme visto anteriormente, a hermenêutica tem origem na exegese bíblica, na interpretação dos textos das Sagradas Escrituras, isto é, Religião; passa pela Ciência, pela Filosofia e, por fim, pelo Direito, denominada aplicação especial da hermenêutica, Jurídica.

Segundo Gadamer, "a tarefa da interpretação consiste em concretizar a lei"[70] e nisso nota-se a concordância com o pensamento de Eros Grau, no entanto, cabe ressaltar que a dogmática jurídica, no ordenamento jurídico atual, pressupõe a eliminação de aspectos divergentes da comprovação e da lógica de forma aplicada à linguagem. A proposta hermenêutica jurídica de Gadamer não implica, necessariamente, técnicas de interpretação. O método é fenomenológico. É derivado da mesma fenomenologia elaborada por Husserl e apresentada como uma terceira via para os problemas e fragilidades do positivismo cientificista do final do século XIX.

A hermenêutica fenomenológica e mais precisamente a hermenêutica jurídica de Gadamer apresentada aqui de forma bastante suscinta, não renuncia à tradição filosófica anterior que implicaram em seu desenvolvimento. Por isso, quando se usa o termo *hermeneuein* como "dizer", no que tange à aplicação do Direito, compreendemos que o "dizer" o Direito cabe ao magistrado, no sentido de aplicar o Direito.

A questão de fundo que Gadamer examina em seu texto sobre hermenêutica jurídica é, justamente, buscar o sentido do Direito da mesma forma que a hermenêutica teológica busca o sentido das Sagradas Escrituras ou tal como o Historiador das *Geisteswissenschaften* e que necessariamente, independentemente de sua área de atuação, o significado ou sentido não está impresso somente no texto, mas fora de si.

Essa breve reflexão sobre a importância da hermenêutica jurídica encontra respaldo na Resolução nº 9 e o Provimento 136 do Conselho Federal da OAB, no que tange à uma valorização mais acentuada das disciplinas humanistas no ensino do Direito e na formação de um operador do Direito mais crítico. Urge superar os paradigmas

---

70 GADAMER, 1960, p. 489.

da dogmática jurídica que isolam o cientista jurídico e reconhecer a importância de outros referenciais hermenêuticos. Nesses termos, essa breve leitura de Gadamer indica-nos novas perspectivas mediante os pré-conceitos (pré-compreensão) para a compreensão do sentido do Direito no cenário jurídico contemporâneo. Obviamente, não são únicos ou unívocos e insere, necessariamente, o jurista ou operador do direito no diálogo premente com diversas áreas do conhecimento, nesse debate jurídico-filosófico contemporâneo.

O Elemento Empresa

Wagner José P. Armani[71]

Resumo

O presente texto analisará a expressão "elemento de empresa" utilizada no Artigo 966, parágrafo único, do Código Civil, que traça uma linha tênue ao exercício da atividade econômica explorada por profissional intelectual, de natureza científica, literária ou artística, distinguindo-a entre atividade civil ou empresária. A problemática abordada é de suma importância uma vez que delimita a qual regime jurídico os citos profissionais estarão submetidos, se o Comercial ou o Civil. Submeter-se-á ao Direito Comercial aquele profissional que exercer atividade de forma empresarial (empresa), e ao Direito Civil aquele que a exercer civilmente, não se sujeitando, este, por exemplo, ao regime falimentar.[72]

Palavras-Chave: Profissional intelectual, de natureza científica, literária ou artística. Empresário. Elemento de empresa. Teoria dos Atos de Comércio. Teoria de empresa. Empresário individual. Sociedade empresária. Empresa. Estabelecimento.

---

[71] ARMANI, Wagner José Penereiro, Mestre em Direito pela Universidade Metodista de Piracicaba - UNIMEP e professor de Direito Comercial e Processual Civil pela Pontifícia Universidade Católica de Campinas - PUCCAMP. Atua nas áreas de Direito Cível, Direito Comercial e Processual Cível. Correio Eletrônico: wagner_adv@hotmail.com.

[72] Artigo 1º da Lei nº 11.101/05 - *Esta Lei disciplina a recuperação judicial, a recuperação extrajudicial e a falência do empresário e da sociedade empresária, doravante referidos simplesmente como devedor.*

~ Introdução ~

Com a entrada em vigor da Lei n° 10.406 de 10 de janeiro de 2002 (Código Civil) foi revogada a primeira parte da Lei n° 556 de 25 de junho de 1850 (Código Comercial de 1850)[73] e deixado de lado o modelo francês da Teoria dos Atos de Comércio, adotando-se o modelo italiano da Teoria da Empresa, positivando-a em seu Livro II – Do Direito de Empresa.[74]

O atual Código Civil, além de incorporar ao Direto Brasileiro a figura do empresário, sujeito de direito que exerce empresa, substituindo o caráter objetivo da antiga figura do comerciante, sujeito de direito que praticava os atos de comércio, nos termos do Código Comercial de 1850 e Regulamento 737 do mesmo ano, unificou o Direito Privado disciplinando no mesmo corpo legislativo as obrigações e os contratos civis e mercantis.[75]

O Artigo 966 do Código Civil[76], primeiro dispositivo a tratar do Direito de Empresa, conceitua o sujeito de direito que exerce empresa, o empresário, como aquele *(...) quem exerce profissionalmente atividade econômica organizada para a produção ou a circulação de bens ou de serviços.*

Já o parágrafo único do citado Artigo excluiu do conceito de empresário aquele sujeito de direito que exercer profissão intelectual, de natureza científica, literária ou artística, ainda que com o concurso de auxiliares ou colaboradores.

Todavia, o próprio parágrafo único do Artigo 966 do Código Civil ressalva que o cito profissional intelectual será considerado empresário *(...) se o exercício da profissão constituir elemento de empresa.*

O estudo da expressão "elemento de empresa" utilizada pelo legislador tem por fim delimitar de forma didática a linha tênue existente entre o conceito de empresário (quem exerce empresa) e o profissional autônomo (quem exerce atividade civil).

---

73 Artigo 2.045 do Código Civil - *Revogam-se a Lei n° 3.071, de 1° de janeiro de 1916 - Código Civil e a Parte Primeira do Código Comercial, Lei n° 556, de 25 de junho de 1850.*

74 Artigo 966 a 1.195 do Código Civil

75 GONÇALVES, Carlos Roberto, *Direito Civil Brasileiro, Vol. I: parte Geral,* 7°° Edição, revisada e atualizada, São Paulo: Saraiva, 2009, p. 13.

76 Artigo 966 do Código Civil - *Considera-se empresário quem exerce profissionalmente atividade econômica organizada para a produção ou a circulação de bens ou de serviços.*
Parágrafo único. Não se considera empresário quem exerce profissão intelectual, de natureza científica, literária ou artística, ainda com o concurso de auxiliares ou colaboradores, salvo se o exercício da profissão constituir elemento de empresa.

1. O Empresário, A Empresa, O Estabelecimento – Distinção dos Termos

Em que pese, cotidianamente, os operadores do direito utilizarem a palavra empresa como sinônima de empresário ou de estabelecimento empresarial, tais vocábulos, tecnicamente, não se confundem tendo cada uma um significado técnico próprio extraído do texto de Artigo do Código Civil.

> *O professor Waldirio Bulgarelli, ao considerar o perfil corporativo, afastou-o da concepção empresarial italiana. Aqui, o mestre paulista se distancia da teoria de Asquini para conceber não quatro, mas três aspectos jurídicos significativos de empresa: o empresário, o estabelecimento e a empresa: o primeiro corresponde ao perfil subjetivo; o segundo, ao objetivo ou patrimonial; e o terceiro, ao aspecto funcional, ou exercício da atividade empresarial.*
>
> *Relacionam-se o empresário, o estabelecimento e a empresa de forma íntima: o sujeito de direito exercita (empresário), por meio do objeto de direito (estabelecimento) e os fatos jurídicos decorrentes (empresa).*
>
> *A partir desses elementos, Waldirio Bulgarelli define empresa como "atividade econômica organizada de produção e circulação de bens e serviços para o mercado, exercida pelo empresário, em caráter profissional, através de um complexo de bens".* [77]

Pelo Artigo 966 do Código Civil, o perfil subjetivo da empresa é o **(I)** empresário considerado como aquele que *(...) exerce profissionalmente atividade econômica organizada para a produção ou a circulação de bens ou de serviços.* O empresário é o sujeito de direito titular da empresa capaz de contrair direitos e obrigações.[78]

O aspecto funcional do conceito é a **(II)** empresa entendida como a atividade econômica organizada para produção ou circulação de bens ou serviços exercida pelo empresário. É aspecto abstrato e dinâmico tido como repetição de atos praticados por seu titular.

---

77 NEGRÃO, Ricardo, *Manual de Direito Comercial e de Empresa*, vol. 1, 5º Edição, revisada e atualizada, São Paulo: Saraiva, 2007, pp. 45-46.

78 LISBOA, Roberto Senise, *Manual de Direito Civil, Vol. 1: Parte Geral do Direito Civil*, 6º Edição, São Paulo: Saraiva, 2.010, p. 203.

Conquanto o **(III)** estabelecimento empresarial, é a feição objetiva ou patrimonial da empresa, conceituado como (...) todo complexo de bens organizado, para exercício da empresa, por empresário, ou por sociedade empresária; conforme o Artigo 1.052 do Código Civil.

Do exposto concluímos que **(I)** Empresário é o sujeito de direito que exerce profissionalmente atividade econômica organizada para a produção ou a circulação de bens ou de serviços; **(II)** Empresa é a atividade organizada exercida por este sujeito; **(III)** enquanto estabelecimento é todo conjunto organizado de bens do empresário (sujeito) para o exercício da empresa (atividade).

2. A Empresa

O Código Civil não define a empresa, mas tão somente traz o conceito de empresário (Art. 966) e de estabelecimento (Art. 1.042), restando a doutrina fazê-lo.

Como vimos, a empresa não se confunde com o empresário, sujeito de direito, destinatário da a norma e nem com estabelecimento, complexo organizado de bens do empresário para o exercício da empresa.

É com a empresa que se define o empresário e não o inverso. É a empresa o núcleo do Direito Comercial na atualidade, onde se localiza o empresário, que pela titularidade da empresa ganha destaque e submete-se a um estatuto, a um regime jurídico especial.[79]

Como perfil funcional e dinâmico, a empresa é uma abstração e somente nasce quando se inicia a atividade sob a orientação do empresário, nos termos assim explicados por Rubens Requião.[80]

> *É preciso compreender que a empresa, como entidade jurídica, é uma abstração. A muitos tal afirmativa parecerá absurda e incompreensível, dado aquele condicionamento de que a empresa é uma entidade material e visível. Brunetti, professor italiano de alto conceito, chegou à conclusão da abstratividade da empresa, observando que "a empresa, se do lado político-econômico é uma*

---

79 LEMOS JUNIOR, Eloy Pereira, *Empresa & Função Social,* Curitiba: Juriá, 2009, pp. 120-121.

80 REQUIÃO, Rubens, *Curso de Direito Comercial,* 1º vol., 28º Edição, revisada e atualizada por Rubens Edmundo Requião, São Paulo; Saraiva, 2009, p. 59.

realidade, do jurídico é in'astrazione porque, reconhecendo-se com organização de trabalho formada das pessoas e dos bens componentes da azienda, a relação entre a pessoa e os meios de exercício não pode conduzir senão a uma entidade abstrata, devendo-se, na verdade, ligas à pessoa do titular, isto é, ao empresário.

Extrai-se do Artigo 966 do Código Civil que a empresa, como uma abstração, é a atividade econômica organizada para a produção e a circulação de bens ou de serviços exercida pelo empresário.

Referida atividade tida como repetição de atos pelo titular da empresa deve ser desenvolvida de forma econômica, vez que tem por finalidade a produção de riqueza suscetível de comercialização e, consequentemente, a obtenção de lucro para seu titular. Não se inclui no conceito de empresa a atividade unicamente desenvolvida para satisfação das necessidades ou conveniência do produtor, nem a atividade com fim de caridade.

Para ser empresária, a atividade deve ser desenvolvida de forma organizada. Essa organização pelo empresário é, sem sombra de dúvida, o principal elemento para o conceito de empresa.

O sujeito de direito que exerce empresa deve coordenar os seguintes fatores de produção: trabalho (organização do trabalho alheio e pessoal); capital (investimento); insumos (bens materiais ou imateriais necessários para atividade); e tecnologia (conhecimento técnico, ferramentas e processo aplicado na atividade empresarial).

A organização pessoal dirige-se tanto à coordenação de serviços, em que se explore o trabalho alheio, material ou imaterial, como meio de propiciar o desenvolvimento da atividade. Empresário é empregador e não empregado, é contratante de serviço alheio, é aquele quem determina, coordenada e sistematiza a tarefa de cada trabalhador no exercício da empresa.

O capital é necessário para o desenvolvimento da empresa, o aporte de investimento na contratação da mão de obra, de compra de materiais, etc, é também organizado pelo empresário como titular da empresa. O empresário como empreendedor que é deve analisar, no tempo e no espaço, a melhor oportunidade para investir seu capital com a finalidade de otimizar a obtenção de lucro.

Os bens, materiais ou imateriais, estreitam-se ao conceito de estabelecimento, como conjunto organizado de bens para o exercício da empresa. O estabelecimento é elemento essencial da empresa, sem o qual o empresário estaria impossibilitado de desenvolver sua atividade. O empresário exerce empresa por meio de seus bens organizados (estabelecimento).

Distingue-se bens de insumos dos de consumo no limite de sua destinação, como bem observado pelo legislador no Código de Defesa do Consumidor[81]. Os bens de insumos são aqueles utilizados pelo empresário para o desenvolvimento de sua atividade empresarial, sendo meio da cadeia de produção, enquanto os bens de consumo são aqueles adquiridos impondo o fim à cadeia de produção, como destinatário final.

Por fim, a tecnologia é o conhecimento técnico, as ferramentas e o processo aplicado pelo empresário em sua atividade empresarial. Note-se que a tecnologia não precisa necessariamente ser de ponta (última geração), podendo ser utilizada tecnologia rudimentar para empreender-se, sendo imprescindível que o empresário consiga com a técnica, as ferramentas e o processo que possui desenvolver sua empresa.

> *A empresa é organização de meios materiais e imateriais, incluindo pessoas e procedimentos para a consecução de determinado objeto (o objeto social), com a finalidade genérica de produzir vantagens econômicas que sejam apropriáveis por seus titulares, ou seja, o lucro que remunere aqueles que investiram na formação do seu capital empresarial (que será chamado de capital social, sempre que à empresa corresponda uma sociedade empresária). Quando se fala em organização, remete-se à ideia de órgão, palavra que provém do grego organon (όpy vov), a significar "cada uma das partes com mecanismo que exerce função especial". A empresa, em sua qualidade de organização, é um conjunto de partes com funções de aperfeiçoar uma atuação no plano econômico, ou seja, de produzir riquezas. Opõe-se ao trabalho essencialmente individualizado, pessoal, ainda que desempenhado em grupo, pois nesse não há divisão de categorias, não há ligação entre atos coordenados, nem definição de procedimentos voltados para a concretização de resultados otimizados. Cinco rendeiras que sentam na varanda, cada qual tecendo suas rendas, não constituem uma empresa; um ou mais pescadores que simplesmente saiam juntos, todos o dias, mas ou rio afora, para pescar também não constituem uma empresa.[82]*

---

81 Artigo 2° do Código de Defesa do Consumidor - *Consumidor é toda pessoa física ou jurídica que adquire ou utiliza produto ou serviço como destinatário final.*

82 MAMEDE, Gladston, Direito Empresarial Brasileiro: Empresa e Atuação Empresarial. Vol. 1, 3ª Edição

Essa complexa organização dos fatores de produção tem por finalidade a produção ou a circulação de bens ou de serviços, a produção de bens entendida como atividade industrial, de produção de produtos ou mercadorias, a circulação de bens como a atividade do comércio, de buscar o produto no fornecedor e levá-lo ao consumidor, enquanto a produção de serviços remete-se à prestação de serviços conquanto sua circulação é o ato de intermediar (agência) a prestação de serviços.

	BENS (CORPÓREOS)	**SERVIÇOS (INCORPÓREOS)**
PRODUÇÃO	Indústria	Prestação de serviços
CIRCULAÇÃO	Comércio	Intermediação da prestação de serviços

3. O Empresário

O empresário é o sujeito de direito empreendedor que exerce empresa, nos termos do Artigo 966 do Código Civil. Do referido conceito, extraímos 8 (oito) expressões que, isoladamente, formam a definição de empresário: (I) exercício profissional; (II) atividade; (III) econômica; (IV) organizada; (V) para a produção; (VI) ou a circulação; (VII) de bens (VIII) ou de serviços[83].

O exercício profissional da empresa pelo empresário refere-se à habitualidade (exercício não esporádico), à pessoalidade (atividade exercida pelo titular da empresa e não por terceira pessoa) e ao monopólio das informações (conhecimento sobre os bens ou os serviços que oferece ao mercado consumidor).

Como visto, a empresa é a atividade econômica organizada para a produção ou a circulação de bens ou de serviços, expressões já

– São Paulo: Atlas, 2009, p. 32.

83 COELHO, Fábio Ulhoa, *Manual de Direito Comercial: Direito de empresa*, 22º Edição – São Paulo: Saraiva, 2010, pp. 11-15.

estudas no item anterior. É com a empresa que se define o empresário e não o inverso, como parece fazer crer alguns.

Por fim, devemos destacar que o ser empresário não é uma opção. Enquadrando-se no conceito estabelecido pela lei a pessoa que exerce empresa sujeitar-se-á ao regime jurídico do Direito Comercial. Apesar do Artigo 967 do Código Civil[84] dispor ser obrigatório o registro do empresário no Registro Público de Empresas Mercantis da respectiva sede, o descumprimento da referida obrigação não descaracteriza sua condição.[85]

3.1 Espécies de Empresário – O Empresário Individual e o Empresário Coletivo (Sociedade Empresária)

A empresa, como atividade que é, pode ser exercida por pessoa física (pessoa natural) ou jurídica; na primeira hipótese, utiliza-se a expressão empresário individual, na segunda, sociedade empresária,[86] sendo que em ambas as hipóteses o empresário será o sujeito de direito que exercer profissionalmente atividade econômica organizada para a produção ou a circulação de bens ou de serviços.

Do Código Civil, podemos extrair o conceito sociedade empresária como aquela pessoa jurídica de direito privado constituída por pessoas, físicas ou jurídicas, que reciprocamente se obrigam a contribuir, com bens ou serviços, para o exercício de empresa e a partilha, entre si, dos resultados, sendo seu objeto social explorado de forma empresarial, ou sob a forma de sociedade por ações.[87]

---

84 Artigo 967 do Código Civil - É obrigatória a inscrição do empresário no Registro Público de Empresas Mercantis da respectiva sede, antes do início de sua atividade

85 Enunciado 198 do Conselho de Estudos Jurídicos do Conselho de Justiça Federal - *A inscrição do empresário na Junta Comercial não é requisito para a sua caracterização, admitindo-se o exercício da empresa sem tal providência. O empresário irregular reúne os requisitos do Art. 966, sujeitando-se às normas do Código Civil e da Legislação Comercial, salvo naquilo em que forem incompatíveis com a sua condição ou diante de expressa disposição em contrário.*

86 Artigo 44 do Código Civil - *São pessoas jurídicas de direito privado:*
II - as sociedades.
Artigo 982 do Código Civil - *Salvo as exceções expressas, considera-se empresária a sociedade que tem por objeto o exercício de atividade própria de empresário sujeito a registro (Art. 967); e, simples, as demais.*
Parágrafo único. Independentemente de seu objeto, considera-se empresária a sociedade por ações; e, simples, a cooperativa.

87 Artigo 981 do Código Civil - Celebram contrato de sociedade as pessoas que reciprocamente se

Assim, temos o gênero empresário (empresário *lato sensu*) no qual o empresário individual (empresário *stricto sensu*) e a sociedade empresária são espécies[88].

EMPRESÁRIO *LATO SENSU*	
EMPRESÁRIO INDIVIDUAL	SOCIEDADE EMPRESÁRIA
Pessoa física que exerce profissionalmente atividade econômica organizada para a produção ou a circulação de bens ou de serviços.	Pessoa jurídica que tem por objeto o exercício de atividade própria de empresário sujeito a registro.

Importante destacar que as pessoas que compõem a sociedade empresária, os sócios, não são, tecnicamente, empresários, mas titulares de cotas ou ações e por isso possuem, perante a sociedade, direitos e obrigações.

> *A empresa pode ser explorada por uma pessoa física ou jurídica. No primeiro caso, o exercente da atividade econômica se chama empresário individual, no segundo, sociedade empresária. Como é a pessoa jurídica que explora a atividade empresarial, não é correto chamar de "empresário" o sócio da sociedade empresária.[89]*

---

obrigam a contribuir, com bens ou serviços, para o exercício de atividade econômica e a partilha, entre si, dos resultados.

88 Por força do Artigo 967 do Código Civil, tanto ao empresário individual (pessoa física) quanto à sociedade empresária (pessoa jurídica) é obrigatória a inscrição no Registro Público de Empresas Mercantis da respectiva sede, a cargo das Juntas Comerciais, antes do início de sua atividade. Ver Lei nº 8.934/94 - Lei de Registro Público de Empresas mercantis e atividades afins.

89 COELHO, Fábio Ulhoa, *Curso de direito Comercial; Direito de Empresa*, Vol. 1, 13ª Edição – São Paulo: Saraiva, 2009, p. 64.

4. Atividades Econômicas não Empresárias – Atividades Civis

O empresário *lato sensu*, ou seja, a pessoa física ou jurídica que exerce empresa, é o sujeito de direito que submete se ao regime jurídico do Direito Comercial, enquanto as demais pessoas estão afastadas desse regime especial.

Contudo, não se pode fechar os olhos ao exercício de atividade econômica por pessoas que não exerce empresa por falta da organização empresarial ou por limitação legal.

Mesmo exercendo atividade econômica, estão excluídas do regime jurídico do Direito Comercial as pessoas físicas que não se enquadram no conceito do Artigo 966 do Código Civil e as sociedades (pessoas jurídicas) que não tem por objeto o exercício de atividade própria de empresário sujeito a registro, denominadas sociedades simples, nos termos do Artigo. 982 do Código Civil.[90]

Por força do parágrafo único do Artigo 966 do Código Civil o profissional intelectual, de natureza científica, literária ou artística também está excluído do conceito de empresário, mesmo que desenvolva sua atividade com concurso de auxiliares ou colaboradores, o que será objeto de melhor análise neste texto.

As sociedades constituídas por referidos profissionais intelectuais como as sociedades de advogados,[91] médicos, arquitetos, engenheiros, artistas, escritores etc.,[92] mesmo que com o concurso de colaboradores ou auxiliares (secretária, copeira, *office boy*, estagiários, etc.), são consideradas sociedades simples por não explorem empresarialmente seu objeto social, mas de forma de atividade civil.

Aquele que exerce de atividade rural é o único que tem o poder de escolher entre ser empresário ou não, devendo sua escolha ser declarada pela inscrição no Registro Público de Empresas Mercantis da respectiva sede a cargo das Juntas Comerciais, caso em que, depois

---

90 Em resumo, a pessoa jurídica empresária é denominada sociedade empresária enquanto a pessoa jurídica não empresária é denominada sociedade simples.

91 As sociedades de advogados são regidas pela Lei nº 8.906/94, que lhe vedam forma empresária; tais sociedades, por determinação legal, serão sempre sociedades simples, organizadas a forma de sociedades em nome coletivo, com registro nas Seções da Ordem dos Advogados do Brasil.

92 O registro da sociedade simples é realizado no Cartório de Registro de Pessoas Jurídicas.

de inscrito, ficará equiparado, para todos os efeitos, ao empresário sujeito a registro.[93]

As sociedades cooperativas[94], independentemente da forma de exploração de seu objeto social, serão consideradas sociedades simples (não empresárias), como disposto no parágrafo único do Artigo 982 do Código Civil.[95]

5. Exclusão do Profissional Intelectual, de Natureza Científica, Literária ou Artística do Conceito de Empresário

O parágrafo único do Artigo 966 do Código Civil excluí o profissional intelectual, de natureza científica, literária ou artística do conceito de empresário, mesmo que desenvolva sua atividade com concurso de auxiliares ou colaboradores.[96]

Reitera-se que a sociedade constituída por profissional intelectual, de natureza científica, literária ou artística e que tenha por objeto a exploração dessa atividade, também estará excluída do regime empresarial, reconhecendo-se como sociedade simples (não empresária).[97]

> *A determinação da natureza científica de algo depende do que se entende por científico; de acordo com o Dicionário Houaiss, científico é relativo ou próprio da ciência, assim considerada uma área sistematizada do saber. Trata-se de uma ideia altamente plástica, na qual podem ser considerados toda e qualquer forma de saber que possam ser sistematizados ou explicados de forma racional. Exemplo de saber sistematizado é o conhecido popularmente por "informática" que abrange conhecido*

---

93 Artigo 971 do Código Civil - *O empresário, cuja atividade rural constitua sua principal profissão, pode, observadas as formalidades de que tratam o Art. 968 e seus parágrafos, requerer inscrição no Registro Público de Empresas Mercantis da respectiva sede, caso em que, depois de inscrito, ficará equiparado, para todos os efeitos, ao empresário sujeito a registro.*

94 Para estudo de cooperativa ver Artigo 1.093 a 1.096 do Código Civil e Lei nº 5.764/71.

95 Apesar de ser sociedade simples, a cooperativa deve levar seu estatuto social a registro na Junta Comercial e não no Cartório de Registro de Pessoas Jurídicas.

96 Enunciado 193 do Conselho de Estudos Jurídicos do Conselho de Justiça Federal. *O exercício das atividades de natureza exclusivamente intelectual está excluído do conceito de empresa.*

97 Enunciado 196 do Conselho de Estudos Jurídicos do Conselho de Justiça Federal. *A sociedade de natureza simples não tem seu objeto restrito às atividades intelectuais.*

sobre tecnologia sobre fluxos de informações, o que inclui a criação de linguagens artificiais. Até mesmo o ofício de um trabalhador comum (um carpinteiro, por exemplo) pode ser considerado algo científico porque sua boa qualidade depende de conhecimento específico; vale dizer, de conhecimento sistematizado.

Um serviço de natureza artística, por outro lado, é aquele que diz respeito às chamadas belas-artes. Ainda, segundo o citado Dicionário, belas-artes são, genericamente, as artes plásticas, a poesia e a dança. O ofício literário, por outro lado, diz respeito à produção ou crítica de textos para difusão de ideias ou conhecimentos.[98]

Não é empresário aquele que, por força de sua mente, produz bens (artistas, escritores etc) ou presta serviços (dentistas, médicos, engenheiros, psicólogos, advogados etc) sem organização empresarial.

Em regra, pelo parágrafo único do Art. 966 do Código Civil de 2002, quem exerce profissão intelectual, de natureza científica, literária ou artística, mesmo com o concurso de auxiliares ou colaboradores, não é considerado empresário, apesar de produzir bens, como o artista, o escritor etc, ou prestar serviços, como o profissional liberal, por exemplo: médico, dentista, advogado, enfermeiro, nutricionista, engenheiro. Visto que lhe falta organização empresarial para obtenção de lucro e, além disso, como diz Sylvio Marcondes, o esforço se implanta na própria mente do autor, de onde advém aquele bem ou serviço sem interferência exterior de fatores de produção (trabalho, tecnologia, insumo e capital), cuja eventual ocorrência é acidental.[99]

6. O Elemento de Empresa

Constatado que a organização dos fatores de produção é o principal componente conceitual para caracterização da pessoa como empresário, temos que não é propriamente a lei que exclui o profissional intelectual, de natureza científica, literária ou artística do

---

98 ANDRADE FILHO, Edmar Oliveira. Conceito de profissão intelectual no Código Civil de 2002. Disponível em <http://www.abdir.com.br/doutrina/ver.asp?art_id=&categoria= Atividade empresarial> Acesso em: 2 de abril de 2010.

99 DINIZ, Maria Helena, *Curso de Direito Civil Brasileiro*, 8° vol.: *Direito de empresa*, São Paulo; Saraiva, 2008, pp. 35-36.

conceito de empresário, mas sim o fato desse profissional não organizar os fatores de produção, desenvolvendo atividade pessoal.

Atividade pessoal é aquela profissionalmente desenvolvida por uma pessoa sem a devida organização dos fatores de produção (trabalho, capital, insumos e tecnologia), sendo o consumidor atraído pelo caráter pessoal daquele que desenvolve a atividade e não pela atividade em si (empresa). Sob esse aspecto, o que importa é o conhecimento da pessoa que desenvolve a atividade econômica civil e não a organização dos fatores de produção[100].

E é exatamente nesse ponto que a expressão "elemento de empresa" do parágrafo único do Artigo 966 do Código Civil recebe contornos para distinguir a atividade pessoal da empresarial: Artigo 966 do Código Civil - Considera-se empresário quem exerce profissionalmente atividade econômica organizada para a produção ou a circulação de bens ou de serviços.

> *Parágrafo único. Não se considera empresário quem exerce profissão intelectual, de natureza científica, literária ou artística, ainda com o concurso de auxiliares ou colaboradores, salvo se o exercício da profissão constituir elemento de empresa.*

Nos parece que o citado parágrafo único do Artigo 966 do Código Civil estabelece que o profissional intelectual, de natureza científica, literária ou artística poderá ser considerado empresário se, e somente se, a organização empresarial for mais importante que a atividade pessoal desenvolvida[101].

Segue o clássico exemplo de caracterização do elemento de empresa:

> *Parece um exemplo bem claro a posição do médico, o qual, quando opera, faz diagnóstico, ou dá a terapêutica, está prestando um serviço resultante de sua atividade intelectual, e por*

---

100 Para LEMOS JUNIOR: Nas profissões intelectuais, o fator determinante para a contratação é a própria pessoa do profissional encarregado da execução do serviço. A existência de uma organização real ou pessoal é eminentemente assessória, não possuindo a necessária autonomia funcional para o desempenho da atividade, que é essencial para a caracterização de um estabelecimento empresarial. A organização (escritório e colaboradores), sem a pessoa do profissional, de muito pouco ou nada serve, carecendo de outros requisitos que caracterizam o estabelecimento. Ainda que entregue a um outro profissional, à organização faltará a mesma eficiência, salvo se eventualmente o substituto tiver idêntico renome. LEMOS JUNIOR, Eloy Pereira, Empresa & Função Social, Curitiba: Juriá, 2009, p. 144.

101 Enunciado 194 do Conselho de Estudos Jurídicos do Conselho de Justiça Federal. *Os profissionais liberais não são considerados empresários, salvo se a organização dos fatores da produção for mais importante que a atividade pessoal desenvolvida.*

isso não é empresário. Entretanto, se ele organiza fatores de produção, isto é, une capital, trabalho de outros médicos, enfermeiros, ajudantes etc, e se utiliza de imóvel e equipamentos para a instalação de um hospital, então o hospital é empresa e o dono ou titular desse hospital, seja pessoa física ou jurídica, será considerado empresário, porque está, realmente, organizando os fatores da produção, para produzir serviços.[102]

Evidencia-se que no citado exemplo não se encontra a prestação de serviços na forma de responsabilidade exclusiva unipessoal do profissional intelectual (atividade pessoal). O hospital (empresário) exerce a atividade que vai além da clínica médica pessoal, presta outros serviços, com aparelhagem e pessoal contratado, atividade econômica organizada para a produção de serviços (trabalho, capital, insumos e tecnologia). Aqui, o exercício da profissão intelectual se constitui em um dos elementos para a formação da empresa, dada atividade organizada desenvolvida pelo nosocômio empresário.

Nesse caso, resta desprezado o caráter de atividade pessoal de responsabilidade, próprio das atividades intelectuais científicas de natureza civil. A individualidade cedeu lugar à atividade empresarial, justificando a consideração da atividade como empresária, mesmo que exercida por profissional intelectual (médico).

Segue aplicação prática do exemplo citado em decisão do Tribunal de Justiça do Rio Grande do Sul em discussão de caráter tributário:

> *APELAÇÃO CÍVEL. TRIBUTÁRIO. ISS. CLÍNICA MÉDICA. SERVIÇOS DE HEMODIÁLISE E DIÁLISE. CARÁTER EMPRESARIAL. DECRETO-LEI N° 406/68. - Não faz jus à tributação privilegiada prevista no Artigo 9°, §§1° e 3° do Decreto-Lei n° 406/68 a sociedade nitidamente empresarial, constituída por cotas de responsabilidade limitada, com previsão de distribuição de lucros, ainda que formada exclusivamente por médicos. - Circunstância em que o exercício da profissão constitui elemento de empresa, sendo esta organizada como atividade econômica para produção de serviços especializados, mas, de caráter inequivocamente empresarial, desprezando a forma unipessoal e simples inerente à atividade intelectual e civil. - Apelo não provido.[103]*

---

102 MARCONDES, Sylvio. *Questões de Direito Mercantil*. 1ª Edição São Paulo: Saraiva, 1977, p. 10.

103 Apelação Cível n° 70010862050, Vigésima Segunda Câmara Cível, Tribunal de Justiça do RS, Relator: Leila Vani Pandolfo Machado, julgado em 16/06/2005.

Fato é que a caracterização do elemento de empresa é verificado caso a caso, demandando análise econômica com o fito de observar se houve a absorção da atividade pessoal de caráter intelectual, de natureza científica, literária ou artística, como um dos fatores da organização empresarial.[104]

> *Justamente por isso, o Artigo 966 do Código Civil afasta da definição de empresário aquele que exerce atividades intelectual, científica, literária ou artística, ainda que com o concurso de auxiliares colaboradores. Não há empresa na atuação ainda que fortemente marcada pelo elemento pessoal, ainda que gozando do auxílio ou da colaboração de outros; não há intuito de empresa, não há prática de empresa, não há procedimento de empresa, não há patrimônio de empresa. Todavia, essa norma não traduz uma interdição de tais atividades para o Direito de Empresa; basta que se tenha uma inserção no Direito Empresarial. A atuação pessoal de um determinado cientista, ainda que havendo auxiliadores e colaboradores, não caracteriza empresa; mas lhe é lícito constituir uma empresa para a atividade científica, incluindo sua atuação pessoal. A produção de esculturas por um artista, ainda que com a ajuda de assistentes, com a adoção de procedimentos específicos, com o emprego de bens materiais e imateriais para tanto, não caracteriza empresa; mas é lícito a um artista constituir uma empresa para negociar obras de arte, embora não seja correto afirmar que uma empresa possa criar obras de arte, já que o Artigo 11 da Lei nº. 9.619/98, com adequação, afirma que "autor é a pessoa física criadora de obra literária, artística ou científica".[105]*

O elemento de empresa se torna mais evidente quando o profissional intelectual se afasta da atividade, exercendo a figura de gestor da empresa, organizando os fatores de produção, contratando outros profissionais, investindo capital, coordenando os insumos e utilizando-se do conhecimento com especialidade para organizá-la.

A essência do conceito buscado é a constatação de que a atividade intelectual, de natureza científica, literária ou artística, deixou de ser objeto da atividade e tornou-se apenas mais um componente da organização empresarial, um elemento da empresa.

---

104 Enunciado 195 do Conselho de Estudos Jurídicos do Conselho de Justiça federal. A expressão "elemento de empresa" demanda interpretação econômica, devendo ser analisada sob a égide da absorção da atividade intelectual, de natureza científica, literária ou artística, como um dos fatores da organização empresarial.

105 MAMEDE, Gladston, Direito Empresarial Brasileiro: Empresa e Atuação Empresarial. Vol. 1, 3ª Edição – São Paulo: Atlas, 2009, p. 34.

✁ Considerações Finais ✁

Com a adoção da Teoria da Empresa pelo atual Código Civil, são introduzidos no Direito Brasileiro os três aspectos jurídicos significativos da empresa: o empresário; o estabelecimento; e a empresa, noções necessárias para aplicação do Direito Comercial no caso concreto.

Do conceito de empresário está excluído o profissional intelectual, de natureza científica, literária ou artística do conceito de empresário, mesmo que desenvolva sua atividade com concurso de auxiliares ou colaboradores, salvo se o exercício da profissão constituir elemento de empresa.

Originalmente falta ao profissional intelectual a organização necessária para se constituir empresa, todavia tal organização poderá ser vislumbrada a partir do momento em que o sujeito se afasta da atividade intelectual e passa a geri-la como um dos elementos de empresa.

> Portanto, tecnicamente parece ser mais adequado interpretar o parágrafo único do Art. 966 do Código Civil como uma explicação e não como uma exceção ao disposto no caput. A princípio, a atividade intelectual não é empresarial (primeira parte do parágrafo único), mas se presente todos os elementos de uma empresa, ela será empresarial (segunda parte do parágrafo único). Em outras palavras, a profissão intelectual pode ser empresarial, se presentes todos os requisitos previstos no caput. Essa é a explicação do parágrafo único do Art. 966.[106]

De todo ao norte exposto não é correto afastar de pronto a atividade do profissional intelectual, de natureza científica, literária ou artística do conceito de empresário sem analisar profundamente como é organizada a produção ou a circulação de bens ou de serviços, se de forma empresária ou não.

---

106 SILVA, Bruno Mattos e. A Teoria da Empresa no Novo Código Civil e a interpretação do Art. 966: os grandes escritórios de advocacia deverão ter registro na Junta Comercial. Conteúdo Jurídico, Brasilia-DF: 29 dez. 2008. Disponível em: <http://www.conteudojuridico.com.br/?Artigos&ver=2.22582>. Acesso em: 2 de abril de 2010.

O Discurso da Flexibilização dos Direitos Trabalhistas: Inovação ou Mais do Mesmo?[107]

Silvio Beltramelli Neto[108]

᎒᎒ Introdução ᎒᎒

Já virou lugar comum. A cada nova crise financeira que reflita ou potencialmente possa ser sentida no Brasil, evocam-se, por todos os cantos, medidas imprescindíveis a blindar ou mitigar os devastadores efeitos da fuga de capitais e de investimentos do país. Palavras de ordem são enfadonhamente repetidas, especialmente por um grande número de economistas, investidores e donos de meios de produção, entre elas: corte das taxas de juros, redução dos gastos públicos, incentivo tributário, fomento ao consumo, facilitação do crédito e, no que toca ao objeto dessa reflexão, a flexibilização dos direitos trabalhistas.

Para se mencionar os eventos mais recentes, tal discurso voltou a ganhar corpo com o estouro da "bolha imobiliária" norteamericana, em 2008, seguida da bancarrota de grandes corporações multinacionais - notadamente finaceiras e securitárias - ao redor do globo, e, após um período de suposta calmaria, patrocinada pelos tesouros nacionais de grandes potências e países ditos emergentes (entre eles o Brasil), encontra novamente terreno fértil no "crash" grego, conjugado com as inseguranças portuguesa e espanhola, cujos tentáculos se fazem sentir por toda Europa, desde o final do ano de 2009.

Há que se admitir, não obstante, que, no Brasil, o caso particular do discurso da flexibilização dos direitos trabalhistas revela contornos mais perenes, pois se faz presente não só em épocas turbulentas, mas,

---

107 O presente ensaio se destina a revisitar o tema tratado, incidentalmente, no tópico 1 – "A flexibilização do Direito do Trabalho não é criação neoliberal" - do Capítulo II da dissertação de mestrado publicada sob o título *Limites da flexibilização dos direitos trabalhistas* (São Paulo: Ltr, 2008).

108 Professor da Faculdade de Direito da Pontifícia Universidade Católica de Campinas. Doutorando em Direito do Trabalho pela Faculdade de Direito da Universidade de São Paulo. Mestre em Direito pela Universidade Metodista de Piracicaba e especialista em Direito e Processo do Trabalho pela Pontifícia Universidade Católica de Campinas. Procurador do Trabalho da 15ª Região.

outrossim, em tempos menos conturbados, com a diferença de que, naquelas, se vale do receio e da urgência que acomete a sociedade, ao passo que, nesses, se apresenta como questão destacada na pretensão de desenvolvimento da economia brasileira, dado que, como se diz, o custo dos direitos trabalhistas inibe investimentos e, por consequência, impede a própria criação de empregos.

O presente estudo, assim, se lança ao circunscrito escopo de contribuir, sem a mínima pretensão de esgotamento, com uma melhor contextualização do tema, na particular dimensão da vinculação da tese da flexibilização dos direitos trabalhistas a uma agenda dita *neoliberal* e desenvolvimentista, hipoteticamente típica e singular da economia mundial flexível, adotada desde a parte final do século XX.

Embora, academicamente, o *neoliberalismo* para muitos seja mote "fora de moda", ainda é possível deparar seu uso desmedido – na maioria das vezes leigo - para rotular propostas com a flexibilização em tela, por isso o intento de ora revolver, ainda que sem o aprofundamento de cada instituto afim, os princípios do discurso neoliberal para, a seguir, desconstruí-lo enquanto pretenso agente criador do ideário flexibilizador, com vistas a somar para um tratamento, a nosso ver, mais fidedigno da matéria.

Importante frisar, por respeito à metodologia, que quando aqui se tratar de flexibilização dos direitos trabalhistas, estar-se-á a abordar os casos em que o rigorismo da norma sofre arrefecimento no sentido de relativizar direitos concedidos ou mesmo desregulamentá-los. Cabe tal advertência na medida em que o termo "flexibilização" pode ser tomado também como gênero da alteração do parâmetro legal, tanto para reduzir quanto para agregar elementos à condição do trabalhador.

1. Breve Escorço do Neoliberalismo

A flexibilização dos direitos trabalhistas, no sentido de desregulamentação, mitigação ou, ainda, de transferência da produção normativa para a negociação coletiva, é, atualmente, bastante defendida como expediente voltado à preservação da sustentabilidade dos empreendedores insertos numa economia de mercado extremamente competitiva, amplamente difundida pela globalização, representando, no discurso recorrente, a manutenção e a criação de postos de trabalho. Por fim, quanto mais encargos para o empregador, menos empregos.

Eis aí uma das teses mais prestigiadas dentro de um ideário capitalista remodelado na fase pós Segunda Grande Guerra, o qual, de maneira definitiva, efetivou-se mundialmente, sobretudo, nos últimos vinte e cinco anos do século XX, e que teve por designação consagrada a expressão *neoliberalismo*.

Eurípedes Alcântara noticia que o primeiro registro oficial da utilização da expressão *neoliberalismo* (data de 1944), na reunião dos fundadores do capitalismo contemporâneo, por ocasião da conhecida *Conferência de Breton Woods*, realizada na cidade americana do estado de New Hampshire e que foi responsável pela criação do Banco Mundial e do Fundo Monetário Internacional (FMI). Naquela conferência, reuniram-se economistas franceses, ingleses e americanos, tendo um grupo secundário providenciado a produção de um documento que fazia referência ao "frescor da doutrina neoliberal" e pugnava pela adaptação do liberalismo clássico às circunstâncias do Estado Social, assim, responsabilizando-o pelo controle do funcionamento do mercado.[109]

Comumente, a flexibilização do Direito do Trabalho é uma dentre tantas outras medidas propaladas pelos neoliberais, todas voltadas à implantação da economia de mercado em sua faceta mais abrangente, o que significa, menos regulada pela atuação estatal.

Contudo, se entendido a fundo o conjunto de fatores que envolvem o discurso neoliberal, é possível constatar que, na realidade, a flexibilização do Direito do Trabalho, tal como apresentada, nada mais significa do que uma "repaginação"- para usar um termo contemporâneo - de um ideário inerente ao embate historicamente próprio da relação de trabalho.

Como o próprio neologismo evidencia, a palavra neoliberalismo remete a um novo liberalismo, diferente daquele emergido da ofensiva burguesa do século XVIII contra o poder despótico do Estado Absolutista, baseado nas ideias iluministas e na teoria do poder constituinte de Sieyés, dando ênfase à necessidade de minimização da intervenção estatal na vida social.

---

109 ALCÂNTARA, Eurípedes. O neoliberalismo já foi de esquerda. in *Revista Veja*. Disponível em <http://veja. abril.com.br/190203/p_047.html> Acesso em 29 de maio de 2010.

Eleutério F. S. Prado aponta, na história, três patamares na evolução do conceito do liberalismo:

> o período de formação do liberalismo clássico vai de meados do século XVIII a meados do século XIX, com a fisiocracia e a economia clássica, tendo Quesnay e Adam Smith como os grandes nomes. O período do liberalismo social vai do final do século XIX até os trinta anos posteriores à Segunda Guerra Mundial, com John Stuart Mill e John M. Keynes. A partir de então se tem o período do neoliberalismo, com destaque para Frederich A. Hayek e L. Von Misses. [110]

Sabe-se, contudo, que a aceitação massificada da ideologia neoliberalista é obra de gradativo reconhecimento e aplicação prática. José Luís Fiori ensina que a ascensão do neoliberalismo não foi linear, tendo obedecido algumas etapas fundamentais, até chegar aos tempos atuais.[111]

A primeira delas corresponde ao período em que germinaram as ideias, no pós Segunda Guerra Mundial, principalmente por obra do economista Frederich Hayek e seu *Caminho da Servidão*, com a defesa da "sublevação contra a intervenção igualitária do *welfare state*", tempo em que tal pensamento experimentou certa característica de clandestinidade confrontada com a supremacia do Estado Social. Na segunda etapa, a partir dos anos 60, o pensamento neoliberal passa a contar com maior difusão acadêmica e adesão de diversos economistas que viriam ocupar posições de decisão nos países da periferia capitalista, incluindo os da América Latina.

Já a terceira etapa é de especial importância por ter significado o momento em que se aplicaram na prática os conceitos neoliberais, a partir da ascensão ao poder de Margareth Thatcher (Inglaterra, 1979), Ronald Reagan (Estados Unidos, 1980) e Helmut Kohl (Alemanha, 1982). Para Fiori:

> Neste momento, e no governo evidentemente, as teorias perderam muito de sua dimensão formalizada acadêmica. Elas foram retraduzidas para o plano prático e se transformaram, primeiro, nas políticas públicas pioneiramente experimentadas pela Sra. Thatcher na Inglaterra, organizadas em

---

110 PRADO, Eleutério F.S. Pós-grande indústria e neoliberalismo. *Revista de Economia Política*. São Paulo, v. 25, nº 1, pp. 11-25. Jan-mar, 2005, p. 16.

111 FIORI, José Luís. *Os moedeiros falsos*. 5ª Edição Petrópolis: Vozes, 1998, pp. 216-218.

*torno do tripé básico "desregulação", da "privatização" e da
"abertura comercial". Mas, logo depois, essas mesmas ideias
foram consagradas por várias organizações multilaterais que
se transformaram, na prática, no núcleo duro de formulação
do pensamento e das políticas neoliberais voltadas para o
"ajustamento econômico" da periferia capitalista e também, é
óbvio, da América Latina.[112]*

Segundo, ainda, Fiori, reportando-se ao inicio dos anos 1980:

*vivia-se, naquele momento, uma desaceleração da
economia capitalista e o caminho que era apregoado
como o do retorno ao crescimento deveria passar, impla-
cavelmente, segundo os governantes desses países, por um
processo de deflação acelerada, isto é, de diminuição da
inflação, de aumento acentuado e incentivado dos lucros
e de uma diminuição, para usar um eufemismo, da confli-
tividade sindical, além de uma diminuição dos déficits
públicos governamentais e, sempre que possível, de uma
privatização ao máximo das empresas públicas.[113]*

Finalmente, a quarta etapa coincide com a derrota do socialismo,
representada pela queda do muro de Berlim, tempo em que o neoliberalismo venceu os últimos focos de resistência, transformando-se "numa
espécie de utopia quase religiosa",[114] consolidada nas providências
sugeridas pelo famoso "Consenso de Washington" aos países latinoa-
mericanos, que, ao final dos anos 1980, experimentaram o colapso do
sistema de desenvolvimento baseado na substituição das importações,
cujos principais sintomas foram a hiperinflação e o déficit público.[115]

Narram Giambiagi e Almeida que

*o chamado "Consenso de Washington" foi descrito por John
Williamson há cerca de 15 anos como conjunto de propo-
sições que, segundo ele, condensariam o que na época as
instituições multilaterais sediadas em Washington [especial-
mente FMI e BIRD] julgavam como um conjunto adequado
de políticas para serem adotadas pelos países da América
Latina. Esses estavam então à procura de uma agenda que*

---

112 *Idem*, p. 217.

113 *Idem*, p. 218.

114 *Idem*.

115 GIAMBIAGI, Fábio; ALMEIDA, Paulo Roberto de. Rumores exagerados sobre a morte do Consenso de Washington. *Revista de economia e relações internacionais*, p. 53

lhes permitisse deixar para trás a "década perdida" de 1980 e retomar o caminho do crescimento econômico.[116]

São as seguintes medidas sugeridas pelo Consenso de Washington:[117] a) *disciplina fiscal*, buscando a eliminação do déficit público; b) *reorientação dos gastos públicos*, eliminando subsídios e aumentando os gastos em saúde e educação; c) *reforma tributária*; d) *liberalização financeira*, com taxas de juros positivas e determinadas pelo mercado; e) *taxas unificadas de câmbio;* f) *taxas de câmbio competitivas*, orientadas em direção ao exterior; g) *liberalização do comércio* pela sua desregulamentação; h) *incentivo ao investimento externo direto*, sem restrições; i) *privatização* das empresas públicas; e j) *reforço na garantia do direito de propriedade.*[118]

Em termos de Brasil, Adilson Marques Gennari aponta o político e diplomata brasileiro Roberto de Oliveira Campos, pela obra *Além do Cotidiano*, datada de 1985, como responsável primeiro pelo início de um intenso debate sobre a necessidade de reformas do Estado, impulsionado pelas suas impressões acerca do movimento que vinha se desenrolando na Inglaterra de Thatcher e nos Estados Unidos de Reagan.[119]

A aplicação prática ampla do ideário neoliberalista em território brasileiro teve início por obra do governo de Fernando Collor de Mello, primeiro Presidente da República eleito por voto direto, em 1989, após o longo período da ditadura militar iniciada em 1964. Collor, ao tomar posse em 1990, lançando mão de uma ousada política de privatizações e liberalização econômica - essa tanto em relação aos fluxos de capitais, quanto aos fluxos de mercadorias -, "tratou de implementar uma política econômica e uma externa que seguia de perto as recomendações e diretrizes do chamado consenso de Washington".[120]

Fernando Henrique Cardoso, por dois mandatos consecutivos de quatro anos cada, a partir de 1995, fez intensificar e consolidar o processo de liberalização e privatização, passando a dar ênfase a uma

---

116 *Idem*, p. 52.

117 Eis identificadas as palavras de ordem reavivadas a cada crise financeira, conforme mencionado na introdução.

118 GIAMBIAGI, Fábio; ALMEIDA, Paulo Roberto de. *Op. Cit.*, p. 52; PEREIRA, Laércio Barbosa. Considerações sobre a crise do Estado no Brasil: crítica ao "Consenso de Washington". *Revista Indicadores Econômicos - Fundação de Economia e Estatística — FEE*, p. 129.

119 GENNARI, Adilson Marques. Globalização, neoliberalismo e abertura econômica no Brasil dos anos 90. *Pesquisa e Debate*, pp. 33-34.

120 *Idem*, p. 34.

política de estabilização financeira a curto prazo, aliada à centralidade de uma política econômica externa ancorada no aspecto cambial e também salarial (via desindexação), tornando, segundo Gennari, "toda política governamental refém dos ingressos do capital financeiro internacional".[121]

Em que pese, em 2002, ter sua ascensão ao poder acontecido a partir de um discurso de ruptura da situação anterior em proveito da prevalência do social, Luiz Inácio Lula da Silva, ao longo de seus dois mandatos (o primeiro iniciado em 2003) não parece, aos olhos de alguns analistas, ter concorrido para qualquer alteração das rotinas neoliberais implementadas por seus antecessores. Exemplificativamente, Leda Maria Paulani indica três razões que autorizam afirmar que o governo Lula é neoliberal. São elas:[122] a) a adesão incondicional à transformação do país em plataforma financeira internacional; b) as medidas (tais como a nova Lei de Falências e a privatização do Instituto de Resseguros do Brasil) voltadas à atração de investimentos pela via da melhora "do ambiente de negócios"; e c) intensificação da política social compensatória de renda em relação aos mais pobres (*v.g.* programas como o "Bolsa Família" e o "Bolsa Escola") ao invés da criação de condições para a inclusão social.[123]

Pelo exposto, é possível entender que o cerne do ideário neoliberal inclina-se essencialmente por um Estado que, de um lado, mantenha suas finanças controladas e sua moeda estabilizada e, de outro, exima-se de intervir no processo econômico-comercial, a não ser, claro, para sustentar a liberdade do mercado.

---

121 *Idem*, p. 38.

122 PAULANI, Leda Maria. O governo Lula é uma alternativa ao neoliberalismo? *Revista da Sociedade Brasileira de Economia Política*, pp. 92-93.

123 Afirma Paulani, com referência à política social compensatória do governo Lula que "não por acaso, o criador e maior defensor da ideia da renda mínima é justamente [o pensador neoliberal] Milton Friedman". (*Idem, ibidem*, p. 93).

2. Razão Econômica, Capitalismo e Flexibilização dos Direitos Trabalhistas

Entendidas a evolução do pensamento neoliberal e suas propostas, é *mister* voltar os olhares para o fato de que esse mesmo mercado "livre", agora mundialmente conectado, pauta-se pela competitividade, o que, por certo, implica a otimização de custos, dentre os quais, o ônus que envolve a mão-de-obra apresenta-se como um dos maiores, senão o maior.

A flexibilização do Direito do Trabalho, a ponto de transferir para a negociação coletiva a regulação do meio laboral, ou mesmo desregulá-lo, aparece como medida legitimadora da liberdade de contratação, significando mais uma das tantas liberdades que permeiam o viés neoliberal. Liberdade essa que permitirá adequar, sobretudo do ponto de vista do detentor dos meios de produção, os encargos laborais à sua conveniência, contando, para tanto, com uma demanda de força de trabalho globalmente considerada infinitamente superior aos postos disponíveis para contratação.

Em síntese, como já dito, abre-se caminho para a implantação da seguinte tese: convém a todos que se mantenham os empregos, ainda que à custa da diminuição dos direitos trabalhistas deles decorrentes.

Pois bem, ocorre que o pensamento segundo o qual para uma maior lucratividade concorre um contexto de menor custo trabalhista - que nada mais é do que fundamento mediato, senão imediato, do fenômeno flexibilizador - jamais poderá ser entendido como orientação originariamente neoliberal.

Na realidade, trata-se de contingência inerente ao próprio sistema produtivo capitalista, desde sua forma mais primitiva e a partir do momento em que o trabalho individual, em data historicamente imprecisa, passou a promover o lucro de outrem, sem, no entanto, dele participar na exata medida de sua contribuição. Isso pode ser constatado na evolução do próprio trabalho, uma vez que os patrões sempre tiveram e terão aos seus auspícios os nunca satisfatórios - sob seu ponto de vista - custos decorrentes seja do trabalho escravo, seja do trabalho servil (feudalismo), artesanal (corporações de ofício), manufaturado, industrializado ou baseado na prestação de serviços.

Chegando-se à identificação do direito do trabalho como custo decorrente do emprego da mão-de-obra, é impossível que a discussão não atraia as matrizes conceituais do materialismo histórico e o pensamento marxista, que se lastreia no estranhamento (distanciamento) do homem do trabalho que presta, levando à sua coisificação (ou reificação).

Por mais que possa aparentar simplificação do tema da flexibilização dos direitos trabalhistas - e talvez, em certa medida, seja mesmo -, sua abordagem "neoliberal" deita raízes na mera questão de cálculo, cuja lógica conduz, como dito, para a consideração de custo. Tal simplificação fica menos tormentosa quando entendido o cálculo como elemento central da "razão econômica", elevada à máxima potência pelo sistema capitalista. À crítica da "razão econômica" se dedicam com especial atenção os pensadores marxistas, mostrando-se, atualmente, oportuna a citação da seguinte passagem de André Gorz, pertinente ao exame de agora:

> *O capitalismo foi a expressão da racionalidade econômica enfim liberada de qualquer entrave. Era a arte do cálculo tal qual desenvolvido pela ciência, aplicada à definição das regras de conduta. Elevava a busca da eficiência ao estatuto de "ciência exata" e, portanto, eliminava os critérios morais ou estéticos do campo das considerações que regulam a decisão. Assim racionalizada, a atividade econômica podia organizar os comportamentos e as relações humanas de maneira "objetiva", isto é, abstraindo a subjetividade de quem decidia e retirando a este a contestação moral. A questão não era mais saber se ele agia bem ou mal, mas apenas se sua ação era corretamente calculada.[124]*

Nesta linha, encarado como ensejador de custo, o direito do trabalho, pela própria natureza objetiva da racionalidade econômica, é despido de suas finalidades sociais protetivas e de suas consequências na dimensão subjetiva do trabalhador, dado que tais finalidades e consequências simplesmente não influenciam as decisões movidas em prol do resultado cada vez mais positivo do cálculo.

Ainda na esteira do materialismo histórico, a flexibilização representativa da condição para a subsistência dos postos de emprego e

---

124 GORZ, André. *Metamorfoses do trabalho: crítica da razão econômica*, p. 123.

também da maior lucratividade de quem emprega, promovida ao caráter máximo de desregulamentação, identifica-se de maneira estreita com a nada recente (1848) profecia de Karl Marx e Friedrich Engels, segundo a qual "tudo que era sólido e estável se desmancha no ar".[125]

A relação paradoxal existente entre a necessidade - pelos donos dos meios de produção - de contar com o trabalho alheio, mas, de outro lado, fazê-lo do modo menos custoso, é encarada pelo pensamento marxista como implícita à relação laboral e intensificada a partir do advento da tecnologia, em prejuízo da condição social do empregado:

> *O crescente emprego de máquinas e a divisão do trabalho despojaram a atividade do operário de seu caráter autônomo, tirando-lhe todo o atrativo. O operário torna-se um simples apêndice da máquina e dele só se requer o manejo mais simples, mais monótono, mais fácil de aprender. Desse modo, o custo do operário se reduz, quase exclusivamente, aos meios de subsistência que lhe são necessários para viver e perpetuar sua espécie. Ora, o preço do trabalho, como de toda mercadoria, é igual ao seu custo de produção. Portanto, à medida que aumenta o caráter enfadonho do trabalho, decrescem os salários.[126]*

Mas não seria a negociação coletiva o instrumento propício para que a classe trabalhadora resista à pressão do cálculo e faça prevalecer, além de valorizar, sua posição de centralidade no processo produtivo capitalista, gozando, ainda, da possibildiade de contemplação das peculiaridades de cada setor ou empresa, não alcançadas pela norma jurídica genérica? Assim apregoa a intenção flexibilizadora.

Cumpre, porém, neste particular, descortinar o fato de que o intuito peculiar da flexibilização de deixar às próprias partes envolvidas a regulação da relação do trabalho (ou mesmo reduzir essa regulação), presume a possibilidade dos atores perseguirem, sem as amarras da norma estatal, a melhoria de suas condições, as quais, entretanto, comumente se contrapõem. Nesse prisma, confia o detentor dos meios de produção na prevalência de sua superioridade econômica em relação aos trabalhadores, ao que, na história, somente se conseguiu opor, com alguma eficiência, a organização sindical lastreada na "consciência de classe", de

---

125 MARX, Karl; ENGELS, Friedrich. *Manifesto comunista*, p. 43.

126 *Idem*, p. 46.

contribuição decisiva para o reconhecimento jurídico internacional dos direitos humanos sociais.[127]

A afirmação dos direitos humanos sociais pelos Estados Nacionais, resultado, em grande parte, da exploração desmedida do trabalho - fundamentada na liberdade contratual - e consolidada principalmente ante as chagas deixadas pelas duas grandes guerras mundiais, deu vazão ao que se convencionou designar, como visto, *Welfare State* (Estado do Bem-Estar Social ou Estado Social), chamado a agir positivamente no sentido de garantir os direitos sociais, entre eles o trabalhista.

Fácil perceber que as "linhas mestras" do Estado Social em nada contribuem com o cálculo típico da racionalidade econômica, ao contrário, aumenta seu fator custo, notadamente porque calcada no fracasso social da experiência puramente liberal, retomando e constitucionalizando, por essa razão, a consideração dos valores subjetivos e morais relegados ao ostracismo pela razão da contabilidade.

Isso porque, as prestações dirigidas à efetivação dos direitos fundamentais consubstanciam dever mais destacado no que concerne aos direitos sociais, dentro dos quais há espaço de relevo para o direito do trabalho, que, no âmbito brasileiro, além de constar do rol do Art. 6° da Constituição Federal, ainda experimentou disciplina constitucional minuciosa nos Arts. 7° a 11 da mesma Carta.

E não poderia ser diferente, já que foi a constitucionalização dos direitos trabalhistas pelas Constituições do México (1917) e de Weimar (1919) que impulsionou a tendência de reconhecimento dos chamados direitos humanos de segunda dimensão, demandantes, principalmente, deveres estatais de promoção.[128]

Mais do que isso, foi a constitucionalização dos direitos sociais que fez alterar a concepção do Estado Liberal para Estado Social (*Welfare State*), como explica Jorge Luiz Souto Maior, a partir

---

127 Expressão empregada em alusão à doutrina que consolidou a classificação dos direitos humanos em três gerações, ou, como se vem preferindo atualmente, dimensões, sendo a primeira delas referente a direitos civis e políticos, chamados "direitos de liberdade"; a segunda referente a direitos culturais, econômicos e sociais, chamados "direitos de igualdade"; e a terceira referente a direitos transindividuais, chamados "direitos de solidariedade". Nas palavras de BOBBIO, os direitos humanos de segunda geração, onde se firma o trabalho, foram produto de um processo em que "ocorreu a passagem da consideração do indivíduo humano *uti singulus*, que foi o primeiro sujeito ao qual se atribuíram direitos naturais (ou morais) —em outras palavras, da "pessoa" —, para sujeitos diferentes do indivíduo, como a família, as minorias étnicas e religiosas, toda a humanidade em seu conjunto". (BOBBIO, Norberto. A era dos direitos, pp. 83-84).

128 COMPARATO, Fábio Konder. *A afirmação histórica dos direitos humanos*, p. 190.

da integração da "solidariedade social" à ordem jurídica, abandonando o campo da moral e passando a tabular uma "responsabilidade social", diversa da responsabilidade civil subjetiva, tradicionalmente fincada na esfera individual privada.[129]

Prossegue o jurista afirmando que o Estado Social transcende a normatividade específica, impondo valores à sociedade, irradiados por todo o ordenamento jurídico, sendo eles: a *solidariedade* (na figura da responsabilidade social de caráter obrigacional), a *justiça social* (decorrente de uma política distributiva econômica e cultural) e a *proteção da dignidade humana* (primordialmente contra seu desrespeito pelos interesses econômicos).[130]

No que tange às políticas públicas, o Estado Social, como clarificado pelo estudo de Souto Maior, acirra ainda mais as obrigações estatais de prestação em relação à efetividade dos direitos fundamentais.[131] Entretanto, em que pese o foco dos direitos fundamentais como limitadores e dirigentes do poder estatal, não se pode ignorar que o *Welfare State* também incumbe, em posição salientada, a esfera privada ("cidadão/cidadão") de zelo, proteção e promoção dos direitos sociais,[132] contrapondo, assim, as pretensões da racionalidade econômica. Trata-se do que a doutrina especializada convencionou chamar de "eficácia horizontal dos direitos fundamentais", expressão cujo conteúdo ganha especial significado no contexto das relações de trabalho, como se pode aferir da opinião de Daniel Sarmento:

> *no contexto da economia capitalista, o poder crescente das instâncias não estatais como as grandes empresas e associações, tornara-se uma ameaça para os direitos do homem, que não poderia ser negligenciada, exigindo que a artilharia desses direitos se voltasse também para os atores privados. Estes, que*

---

129 MAIOR, Jorge Luiz Souto. Direito social, direito do trabalho e direitos humanos. In: SILVA, Alessandro da; MAIOR, Jorge Luiz Souto; FELIPPE, Kenarik Boujikian; SEMER, Marcelo. (Coord.). *Direitos humanos: essência do direito do trabalho*, p. 22.

130 *Idem*, p. 24.

131 Diz o autor: "Essa inserção de normas de natureza social na Constituição se justificou porque a concretização de seus preceitos não dependia meramente do cumprimento de obrigações na esfera individual, mas da conjugação de diversos fatores socioeconômicos de todo um corpo social, e, em especial, da atuação do próprio Estado, que nesse contexto não mais aparecia como mero ente coercitivo da norma jurídica, mas como estimulador, financiador e promotor dos direitos constitucionalmente assegurados" (*Idem*).

132 Como explica Alexy, o tema do particular como sujeito passivo de direitos fundamentais é abordado de modo diferenciado, porque "A relação estado/cidadão é uma relação entre um titular de direitos fundamentais e um não titular. A relação cidadão/cidadão é, ao contrário, uma relação entre titulares de direitos fundamentais" (ALEXY, Robert. *Teoria dos direitos fundamentais*, p. 528).

até então eram apenas titulares de direitos humanos oponíveis em face do Estado, assumem agora, em determinados contextos, a condição de sujeitos passivos de tais direitos.[133]

A opção do Estado Social é a opção da Constituição Federal Brasileira. Cremos que seja irrefutável essa conclusão, à vista do exame sistemático dos fundamentos da República (Art. 1°), dos seus objetivos (Art. 3°), dos princípios que regem o Brasil em suas relações internacionais (Art. 4°), dos direitos sociais (Arts. 6° a 11°) e dos aspectos que fundam a ordem econômica (Art. 170), entre várias outras disposições da Carta Maior.[134]

Não obstante, a generalidade própria das disposições constitucionais sobre direitos fundamentais e o caráter ainda menos concreto dos direitos sociais, tidos por prestacionais, ainda conferem espaço para que, no plano retórico e por vezes empírico, discursos deturpem sua implementação a benefício do cálculo positivo capitalista.

Na seara do Direito do Trabalho não é diferente. Flexibilização sob o manto do desenvolvimentismo e da distribuição de renda pela criação e manutenção de empregos proliferam, muito embora, diferente de outros direitos sociais, como moradia, saúde e lazer, os direitos trabalhistas encontrem disposições constitucionais e infraconstitucionais muito melhor delimitadas e próximas da concretude (eficácia plena), as quais, essencialmente, suscitam deveres aos particulares empregadores, ao contrário daqueles, dirigidos com mais ênfase para o Estado. Nesse sentido, o Art. 7° da Constituição Federal traz proteções concretas sobre jornada de trabalho, salário mínimo, discriminação, trabalho do menor, entre outras; na maioria das vezes fixando limites, os quais, para o cálculo capitalista, significam despesas.

---

133 SARMENTO, Daniel. *Direitos fundamentais e relações privadas*. Rio de Janeiro: Lumen Juris, 2006, p. 25.

134 MAIOR, Jorge Luiz Souto. *Ob. Cit.*, pp. 23-24.

⚘ Considerações Finais ⚘

Na perspectiva apresentada, cumpre visualizar que a flexibilização do Direito do Trabalho com fins de redução ou supressão de direitos subjetivos não passa de mais do mesmo discurso liberal em resposta - reitere-se, nada original - do remodelado sistema capitalista de acumulação flexível[135] às garantias e aos deveres estabelecidos pelo Estado Social, como se vê, no Brasil, a partir da extensão e da substância dos direitos trabalhistas concedidos pela CLT e, sobretudo, pela Constituição Federal, mormente nos inúmeros incisos de seu Artigo 7º.

Com efeito, o mergulho na teleologia que permeia a tese neoliberal de defesa da flexibilização do Direito do Trabalho, forçosamente resulta na permissão para que o lado que emprega possa impor suas condições de trabalho de modo menos custoso (nada mais antigo), o que se apresenta sobejamente mais fácil em um contexto de crise da identidade sindical, impulsionada pela crise da própria consciência de classe, decorrentes do sistema produtivo capitalista que proliferou pelo mundo, a partir do último quarto do século XX.

Sobre tal enfraquecimento dos sindicatos em tempos de capitalismo de acumulação flexível, sustenta Ricardo Antunes que os mesmos:

> *distanciam-se frequentemente do sindicalismo e dos movimentos sociais classistas dos anos 1960/1970, que propugnavam pelo controle social da produção, aderindo ao acrítico sindicalismo de participação e de negociação, que, em geral, aceita a ordem do capital e do mercado, só questionando os aspectos fenomênicos dessa mesma ordem. Abandonaram as perspectivas que se inseriam em ações mais globais que visavam a emancipação do trabalho, a luta pelo socialismo e pela emancipação do gênero humano, operando uma aceitação também acrítica da social-democratização, ou o que é*

---

135 A alteração do paradigma capitalista é identificada por David Harvey como produto de uma gradativa degeneração do processo fordista de produção (baseado na produção em massa e na verticalização da organização dos trabalhadores) atrelado ao sistema capitalista de acumulação massificada, tendo por ápice a profunda recessão de 1973, que acabou por desencadear, nas décadas de 1970 e 1980, "um conturbado período de reestruturação econômica e de reajustamento social e político". A organização capitalista readequou-se à chamada por Harvey *acumulação flexível*, que se estabelece pelo confronto ao fordismo e "se apoia na flexibilidade dos processos de trabalho, dos mercados de trabalho, dos produtos e padrões de consumo", pilares do sistema japonês conhecido por toyotismo. (HARVEY, David. *Condição pós-moderna: uma pesquisa sobre as origens da mudança cultural*, p. 140).

ainda mais perverso, debatendo no universo da agenda e do ideário neoliberal.[136]

Constata-se, portanto, que a flexibilização do Direito do Trabalho, ainda que pela via negocial, com a atual roupagem neoliberal, apresenta uma proposta que cria condições para o retorno de situação já vivenciada antes do advento da normatização em massa dos direitos sociais, principalmente pela livre contratação laboral, sem contar os tempos de servidão e escravidão. Reafirme-se que essa situação de liberdade contratual permite ao empregador, com bem menos dificuldade, tratar de seu interesse na redução de encargos com mão--de-obra diretamente com quem a presta, sem a cogente intervenção estatal e contando com a supremacia econômica que lhe é peculiar.

Sendo assim, o atual desiderato flexibilizador de feição neoliberal coaduna-se perfeitamente com as necessidades de sempre do sistema capitalista, ainda mais no que tange à sua estrutura hodierna, como observa, em termos genéricos, Fiori:

> *A grande força propulsora que levou o neoliberalismo ao mundo inteiro, no meu entender, foi a existência daquilo que chamei de um casamento virtuoso, ou, pelo menos, vitorioso, entre essas ideias [neoliberais] e o movimento real do capitalismo na direção de uma desregulação crescente e de uma globalização econômica de natureza basicamente financeira.[137]*

Mas, nem por isso, ao nosso sentir, o discurso flexibilizador é criação neoliberal. Em síntese, pensamos que a flexibilização do Direito do Trabalho, ainda que pela autonomia coletiva, com viés reducionista, de modo algum deve ser tratada como algo proveniente das ideias neoliberais, consubstanciando, em verdade, orientação inerente ao capitalismo calcado na utilização da mão-de-obra alheia com intuito lucrativo, por isso que, deverá permanecer recorrente até que uma de duas situações se verifiquem: sua efetiva operacionalização ou a superação do próprio sistema capitalista. Enquanto nenhuma das duas acontece, acostumemo-nos com cada vez "mais do mesmo".

---

136 ANTUNES, Ricardo. *Adeus ao trabalho? Ensaio sobre as metamorfoses e a centralidade do mundo do trabalho*, p. 43.

137 FIORI, José Luís. *Ob. Cit.*, p. 218.

União Estável é Casamento? Companheiro é Cônjuge?

Denis Ferraz[138]

Introdução

Nessa oportunidade, pretendo refletir sobre uma novel característica do Código Civil de 2002: União Estável não é equiparada ao Casamento.

Com a promulgação do Código Civil – Lei nº 10.402/2002, há de se ressaltar que ocorreram alterações principiológicas das normas materiais no ordenamento pátrio, seja quanto à sua interpretação, seja quanto à sua eficácia. Em relação às relações contratuais, positivam-se os princípios da lealdade entre as partes (Arts. 421[139] e 422[140]), nas relações familiares, igualam-se os direitos entre o homem e a mulher (como era de se esperar, à guisa das normas constitucionais), bem como alteraram-se as relações sucessórias, incluindo o cônjuge e o companheiro juntamente com os descendentes e ascendentes.

Há um fato irrefutável: com a revogação do Código Civil de 1916, houve mudança tanto da *mens legis* quando da *mens legislationis*, não nos sendo viável a manutenção das regras e interpretações anteriormente aplicáveis às disposições legais revogadas.

A lei civil trata diferentemente as duas formas de família. Em determinados momentos identificando direitos e deveres comuns ao casamento (cônjuges) e à união estável (companheiros) e em outros, deferindo direitos somente a uma das formas de família. Esse fato há de ser observado, cuidando o intérprete de evitar ampliação interpretativa quando a lei assim não disciplina ou permite.

---

138 O autor é advogado, mestre em Direito Civil e docente da PUC - Campinas em Direito Civil.

139 Art. 421. A liberdade de contratar será exercida em razão e nos limites da função social do contrato.

140 Art. 422. Os contratantes são obrigados a guardar, assim, na conclusão do contrato, como em sua execução, os princípios de probidade e boa-fé.

Não se questiona o caráter cogente das normas de família e sucessórias, bem assim a liberdade do indivíduo em buscar a modalidade de família que não o casamento civil. Nesse enfoque, equiparar a união estável ao casamento, com todas as consequências, também significa limitar a vontade, ocasionando dirigismo estatal que a lei assim não previu.

Assim, levanto alguns aspectos que me tem inquietado na docência da Disciplina de Direito Civil: união estável é realmente equiparada ao casamento? Os direitos legais aplicados a uma das formas de família são aplicáveis à outra, indistintamente?

Busco, nessa oportunidade, analisar alguns questionamentos e interpretações, destacando de imediato que no casamento, os efeitos são verificados somente para depois de sua celebração, diferentemente da união estável, em que o seu reconhecimento possui efeitos *a posteriori* e também *a priori*, ocasionando inerente insegurança jurídica nas relações sociais.

DIREITOS DA PERSONALIDADE (Arts. 11ss)

Tratando-se de legitimados à propositura de ação indenizatória[141] com fundamento em direitos da personalidade de falecido, a lei indica o cônjuge, não mencionando o companheiro. No entanto, enunciado da IV Jornada do CJF/STJ n° 275 esclarece que *"o rol dos legitimados de que tratam os Arts. 12, parágrafo único, e 20, parágrafo único, do Código Civil também compreende o companheiro".*

---

141 Art. 12. Pode-se exigir que cesse a ameaça, ou a lesão, a direito da personalidade, e reclamar perdas e danos, sem prejuízo de outras sanções previstas em lei.

Parágrafo único. Em se tratando de morto, terá legitimação para requerer a medida prevista neste Artigo o cônjuge sobrevivente, ou qualquer parente em linha reta, ou colateral até o quarto grau.

Art. 20. Salvo se autorizadas, ou se necessárias à administração da justiça ou à manutenção da ordem pública, a divulgação de escritos, a transmissão da palavra, ou a publicação, a exposição ou a utilização da imagem de uma pessoa poderão ser proibidas, a seu requerimento e sem prejuízo da indenização que couber, se lhe atingirem a honra, a boa fama ou a respeitabilidade, ou se destinarem-se a fins comerciais.

Parágrafo único. Em se tratando de morto ou de ausente, são partes legítimas para requerer essa proteção o cônjuge, os ascendentes ou os descendentes.

CURADORIA DOS BENS DE AUSENTES (Arts. 22ss)

O Art. 25 do Código Civil determina que "o cônjuge do ausente, sempre que não esteja separado judicialmente, ou de fato por mais de dois anos antes da declaração da ausência, será o seu legítimo curador". Referida regra deveria ser ampliada ao companheiro?

Interpretação trazida pelo enunciado da I Jornada CJF/STJ n° 97 esclarece que "no que tange à tutela especial da família, as regras do Código Civil que se referem apenas ao cônjuge devem ser estendidas à situação jurídica que envolve o companheirismo, como por exemplo, na hipótese de nomeação de curador dos bens do ausente (Art. 25 do Código Civil)".

PRESCRIÇÃO (Arts. 197ss)

Não corre prescrição na relação matrimonial, nos termos do Art. 197[142]. Quanto à união estável, o enunciado da IV Jornada do CJF/STJ n° 296 estabelece que *"Não corre a prescrição entre os companheiros, na constância da união estável".*

SEGURO DE PESSOA (Arts. 789ss)

Referente ao seguro sobre a vida de outros, a disposição do Art. 790[143] elenca, entre as presunções de interesse pela preservação da vida do segurado, somente o cônjuge, sem mencionar o companheiro. Enunciado da III Jornada do CJF/STJ n° 186 amplia: *"o companheiro deve ser*

---

142 Art. 197. Não corre a prescrição:
I - entre os cônjuges, na constância da sociedade conjugal;
II - entre ascendentes e descendentes, durante o poder familiar;
III - entre tutelados ou curatelados e seus tutores ou curadores, durante a tutela ou curatela.

143 Art. 790. No seguro sobre a vida de outros, o proponente é obrigado a declarar, sob pena de falsidade, o seu interesse pela preservação da vida do segurado.
Parágrafo único. Até prova em contrário, presume-se o interesse, quando o segurado é cônjuge, ascendente ou descendente do proponente.

considerado implicitamente incluído no rol das pessoas tratadas no Art. 790, parágrafo único, por possuir interesse legítimo no seguro da pessoa do outro companheiro".

IMPEDIMENTOS MATRIMONIAIS (Arts. 1521ss)

Norma legal (Art. 1.723, § 1°) expressamente determina a aplicação do impedimento matrimonial (Art. 1.521[144]) às relações de união estável, evitando o reconhecimento de união estável em situações em que não se admitem o casamento. No entanto, admite-se a possibilidade de pessoa casada viver em união estável, cumprindo os requisitos indicados.

A novidade da disposição legal em autorizar a simultaneidade de casamento e união estável implicará na complexidade da sucessão, em que concorrerão, a princípio, o cônjuge e a companheira – situação não prevista na legislação sucessória.

CAUSAS SUSPENSIVAS (Arts. 1523ss)

Quanto às causas suspensivas do casamento, inexiste menção legal à aplicabilidade das causas suspensivas à união estável (Art.1523[145]), sendo que a única menção que se apresenta para modificar o regime

---

144 Art. 1.521. Não podem casar:

I - os ascendentes com os descendentes, seja o parentesco natural ou civil;

II - os afins em linha reta;

III - o adotante com quem foi cônjuge do adotado e o adotado com quem o foi do adotante;

IV - os irmãos, unilaterais ou bilaterais, e demais colaterais, até o terceiro grau inclusive;

V - o adotado com o filho do adotante;

VI - as pessoas casadas;

VII - o cônjuge sobrevivente com o condenado por homicídio ou tentativa de homicídio contra o seu consorte.

145 Art. 1.523. Não devem casar:

I - o viúvo ou a viúva que tiver filho do cônjuge falecido, enquanto não fizer inventário dos bens do casal e der partilha aos herdeiros;

II - a viúva, ou a mulher cujo casamento se desfez por ser nulo ou ter sido anulado, até dez meses depois do começo da viuvez, ou da dissolução da sociedade conjugal;

III - o divorciado, enquanto não houver sido homologada ou decidida a partilha dos bens do casal;

IV - o tutor ou o curador e os seus descendentes, ascendentes, irmãos, cunhados ou sobrinhos, com a pessoa tutelada ou curatelada, enquanto não cessar a tutela ou curatela, e não estiverem saldadas as respectivas contas.

patrimonial legal da união estável é a celebração pelos companheiros de contrato escrito (Art. 1.725[146]).

ANULABILIDADE DO CASAMENTO (Art. 1.550)

Inexiste menção legal sobre possíveis anulabilidades[147] quanto ao reconhecimento de união estável, mas a matéria deve ser apreciada em processo judicial, destacando que não há menção quanto à idade mínima para o relacionamento familiar pela união estável.

PLANEJAMENTO FAMILIAR (Art. 1.565, § 2°)

Quanto à eficácia do casamento e especialmente ao planejamento familiar[148] – e das consequências decorrentes - o enunciado da I Jornada do CJF/STJ n° 99 destaca que *"o Art. 1.565, § 2°, do Código Civil não é norma destinada apenas às pessoas casadas, mas também aos casais que vivem em companheirismo, nos termos do Art. 226, caput, §§ 3° e 7°, da Constituição Federal de 1988, e não revogou o disposto na Lei n. 9.263/96".*

---

146 Art. 1.725. Na união estável, salvo contrato escrito entre os companheiros, aplica-se às relações patrimoniais, no que couber, o regime da comunhão parcial de bens.

147 Art. 1.550. É anulável o casamento:
I - de quem não completou a idade mínima para casar;
II - do menor em idade núbil, quando não autorizado por seu representante legal;
III - por vício da vontade, nos termos dos Arts. 1.556 a 1.558;
IV - do incapaz de consentir ou manifestar, de modo inequívoco, o consentimento;
V - realizado pelo mandatário, sem que ele ou o outro contraente soubesse da revogação do mandato, e não sobrevindo coabitação entre os cônjuges;
VI - por incompetência da autoridade celebrante.

148 Art. 1.565. Pelo casamento, homem e mulher assumem mutuamente a condição de consortes, companheiros e responsáveis pelos encargos da família.
§ 1º Qualquer dos nubentes, querendo, poderá acrescer ao seu o sobrenome do outro.
§ 2º O planejamento familiar é de livre decisão do casal, competindo ao Estado propiciar recursos educacionais e financeiros para o exercício desse direito, vedado qualquer tipo de coerção por parte de instituições privadas ou públicas.

DEVERES NO CASAMENTO (Arts. 1566ss)

No Art. 1.724[149] há determinação dos deveres entre os companheiros, questionando-se a semântica entre *fidelidade* recíproca (disposta no casamento, Art. 1.566, inc. I[150]) e *lealdade* (Art. 1.724).

DISSOLUÇÃO DA SOCIEDADE CONJUGAL (Arts. 1571ss)

Havendo infração aos deveres do casamento e consubstanciada a insuportabilidade, há de se deferir a separação ou divórcio entre os cônjuges. Para a separação judicial consensual, notório o requisito temporal de um ano de casamento (Art. 1.574[151]). Questiona-se a aplicação desse prazo mínimo às relações de união estável, inexistindo disposição legal a respeito da dissolução consensual ou litigiosa.

PROTEÇÃO DOS FILHOS E PODER FAMILIAR
(Arts. 1.583ss e Arts. 1.630ss)

Nesse aspecto, por importar relação entre ascendentes e descendentes, os deveres dos genitores independem da relação que possuem entre si. No mesmo sentido, a relação decorrente do poder familiar[152] e de guarda unilateral e compartilhada.[153]

---

149 Art. 1724. As relações pessoais entre os companheiros obedecerão aos deveres de lealdade, respeito e assistência, e de guarda, sustento e educação dos filhos.

150 Art. 1.566. São deveres de ambos os cônjuges:
I - fidelidade recíproca;
II - vida em comum, no domicílio conjugal;
III - mútua assistência;
IV - sustento, guarda e educação dos filhos;
V - respeito e consideração mútuos.

151 Art. 1.574. Dar-se-á a separação judicial por mútuo consentimento dos cônjuges se forem casados por mais de um ano e o manifestarem perante o juiz, sendo por ele devidamente homologada a convenção.

152 Art. 1.630. Os filhos estão sujeitos ao poder familiar, enquanto menores.
Art. 1.631. Durante o casamento e a união estável, compete o poder familiar aos pais; na falta ou impedimento de um deles, o outro o exercerá com exclusividade.

153 Art. 1.583. A guarda será unilateral ou compartilhada. (Redação dada pela Lei n° 11.698, de 2008).

RELAÇÃO DE PARENTESCO

O Art. 1.595[154] expressamente identifica a existência de parentesco por afinidade nas relações decorrentes do casamento e da união estável.

FILIAÇÃO (Arts. 1.596ss)

A presunção de paternidade do filho nascido no casamento deve ser aplicada também à união estável? Nos termos do Art. 1.597,[155] inexiste menção à relação de companheirismo, limitando a disposição legal ao casamento.

As regras de biodireito, em especial as técnicas de reprodução assistida (Art. 1.597, incs. III a V), não alcançam a relação de união estável, ocasionando dificuldades futuras quanto ao reconhecimento de filiação.

ADOÇÃO (Arts. 1618ss)

Expressamente a lei permite a adoção por cônjuges ou por companheiros, nos termos do Estatuto da Criança e do Adolescente, Lei n° 8.069/1990, Art. 42.[156]

---

154 Art. 1.595. Cada cônjuge ou companheiro é aliado aos parentes do outro pelo vínculo da afinidade.
§ 1º O parentesco por afinidade limita-se aos ascendentes, descendentes e irmãos do cônjuge ou companheiro.
§ 2º Na linha reta, a afinidade não se extingue com a dissolução do casamento ou da união estável.

155 Art. 1.597. Presumem-se concebidos na constância do casamento os filhos:
I - nascidos cento e oitenta dias, pelo menos, depois de estabelecida a convivência conjugal;
II - nascidos nos trezentos dias subsequentes à dissolução da sociedade conjugal, por morte, separação judicial, nulidade e anulação do casamento;
III - havidos por fecundação artificial homóloga, mesmo que falecido o marido;
IV - havidos, a qualquer tempo, quando se tratar de embriões excedentários, decorrentes de concepção artificial homóloga;
V - havidos por inseminação artificial heteróloga, desde que tenha prévia autorização do marido.

156 Art. 42. Podem adotar os maiores de 18 (dezoito) anos, independentemente do estado civil. (Redação dada pela Lei nº 12.010, de 2009).
§ 1º Não podem adotar os ascendentes e os irmãos do adotando.
§ 2º Para adoção conjunta, é indispensável que os adotantes sejam casados civilmente ou mantenham união estável, comprovada a estabilidade da família. (Redação dada pela Lei nº 12.010, de 2009).
§ 3º O adotante há de ser, pelo menos, dezesseis anos mais velho do que o adotando.

REGIME DE BENS (Arts. 1639ss)

A lei civil determina, no casamento, a celebração do pacto antenupcial, por escritura pública, visando a alteração prévia do regime legal (Art. 1.653).[157] Quanto à união estável, a modificação se dá com menor solenidade, bastando contrato particular firmado entre os companheiros, nos termos do Art. 1.725.[158]

Quanto à alteração de regime na vigência da relação familiar, limita a legislação, no entanto, às relações de casamento, nos exatos termos do Art. 1.639, § 2º.[159]

Nesse aspecto, o enunciado da IV Jornada do CJF/STJ n° 346 em que esclarece que *"na união estável o regime patrimonial obedecerá à norma vigente no momento da aquisição de cada bem, salvo contrato escrito".*

Em determinadas situações, estabelece o Art. 1.641[160] o regime obrigatório da separação legal de bens, não se aplicando a norma limitativa de vontade à união estável, pois haveria restrição a direito por interpretação extensiva, o que não se pode admitir.

Quanto ao regime de separação obrigatória no casamento, destaca-se o enunciado da III Jornada do CJF/STJ n° 261 em que

---

§ 4º Os divorciados, os judicialmente separados e os ex-companheiros podem adotar conjuntamente, contanto que acordem sobre a guarda e o regime de visitas e desde que o estágio de convivência tenha sido iniciado na constância do período de convivência e que seja comprovada a existência de vínculos de afinidade e afetividade com aquele não detentor da guarda, que justifiquem a excepcionalidade da concessão. (Redação dada pela Lei n° 12.010, de 2009).

§ 5º Nos casos do § 4º deste Artigo, desde que demonstrado efetivo benefício ao adotando, será assegurada a guarda compartilhada, conforme previsto no Art. 1.584 da Lei nº 10.406, de 10 de janeiro de 2002 - Código Civil. (Redação dada pela Lei n° 12.010, de 2009).

§ 6º A adoção poderá ser deferida ao adotante que, após inequívoca manifestação de vontade, vier a falecer no curso do procedimento, antes de prolatada a sentença.(Incluído pela Lei n° 12.010, de 2009).

157 Art. 1.653. É nulo o pacto antenupcial se não for feito por escritura pública, e ineficaz se não lhe seguir o casamento.

158 Art. 1.725. Na união estável, salvo contrato escrito entre os companheiros, aplica-se às relações patrimoniais, no que couber, o regime da comunhão parcial de bens.

159 Art. 1.639. É lícito aos nubentes, antes de celebrado o casamento, estipular, quanto aos seus bens, o que lhes aprouver.

§ 1º O regime de bens entre os cônjuges começa a vigorar desde a data do casamento.

§ 2º É admissível alteração do regime de bens, mediante autorização judicial em pedido motivado de ambos os cônjuges, apurada a procedência das razões invocadas e ressalvados os direitos de terceiros.

160 Art. 1.641. É obrigatório o regime da separação de bens no casamento:

I - das pessoas que o contraírem com inobservância das causas suspensivas da celebração do casamento;

II - da pessoa maior de sessenta anos;

III - de todos os que dependerem, para casar, de suprimento judicial.

a obrigatoriedade do regime da separação de bens não se aplica a pessoa maior de sessenta anos, quando o casamento for precedido de união estável iniciada antes dessa idade.

No Art. 1.647[161] há determinação para a necessária outorga uxória ou marital, sendo que nesse aspecto inexiste norma à união estável. A reforçar a visão de que inexiste necessidade de outorga na união estável, a possibilidade de supressão judicial da vontade somente é cabível quanto haja denegação injustificada da outorga por um dos cônjuges, nos exatos termos do Art. 1.648.[162]

ALIMENTOS (Arts. 1.694ss)

Tanto no casamento como na união estável há dever de sustento, com a obrigação recíproca de prestar alimentos,[163] sendo que novo relacionamento também é causa de extinção da prestação, nos termos do Art. 1.708.[164]

---

161 Art. 1.647. Ressalvado o disposto no Art. 1.648, nenhum dos cônjuges pode, sem autorização do outro, exceto no regime da separação absoluta:
I - alienar ou gravar de ônus real os bens imóveis;
II - pleitear, como autor ou réu, acerca desses bens ou direitos;
III - prestar fiança ou aval;
IV - fazer doação, não sendo remuneratória, de bens comuns, ou dos que possam integrar futura meação.

162 Art. 1.648. Cabe ao juiz, nos casos do Artigo antecedente, suprir a outorga, quando um dos cônjuges a denegue sem motivo justo, ou lhe seja impossível concedê-la.

163 Art. 1.694. Podem os parentes, os cônjuges ou companheiros pedir uns aos outros os alimentos de que necessitem para viver de modo compatível com a sua condição social, inclusive para atender às necessidades de sua educação.

164 Art. 1.708. Com o casamento, a união estável ou o concubinato do credor, cessa o dever de prestar alimentos.

BEM DE FAMÍLIA (Arts. 1.711ss. e Lei nº 8.009/1990)

Na proteção da residência da família, independe se casados ou em união estável.[165] Há discussão quanto a Súmula n° 364 do STJ,[166] pois inexiste menção à situações decorrentes da dissolução da união estável.

SUCESSÃO LEGÍTIMA

As disposições legais quanto à ordem de sucessão hereditária são por completo diferentes, dificultando a lei civil à aplicação das regras sucessórias.

Sendo o falecido solteiro, casado, separado judicialmente, separado extrajudicialmente, separado de fato, divorciado ou viúvo, a chamada dos herdeiros (salvo existência de testamento) se dá com observância do Art. 1.829.[167] Se o autor da herança vivia em união estável, a sucessão será determinada pelo Art. 1.790,[168] com diferenças substanciais quanto à ordem, quota-parte devida aos herdeiros e direitos ao companheiro sobrevivente.

---

165 Lei n° 8009/1990. Art. 1° O imóvel residencial próprio do casal, ou da entidade familiar, é impenhorável e não responderá por qualquer tipo de dívida civil, comercial, fiscal, previdenciária ou de outra natureza, contraída pelos cônjuges ou pelos pais ou filhos que sejam seus proprietários e nele residam, salvo nas hipóteses previstas nesta lei.

166 STJ, Súmula n° 364. O conceito de impenhorabilidade de bem de família abrange também o imóvel pertencente a pessoas solteiras, separadas e viúvas.

167 Art. 1.829. A sucessão legítima defere-se na ordem seguinte:
I - aos descendentes, em concorrência com o cônjuge sobrevivente, salvo se casado este com o falecido no regime da comunhão universal, ou no da separação obrigatória de bens (Art. 1.640, parágrafo único); ou se, no regime da comunhão parcial, o autor da herança não houver deixado bens particulares;
II - aos ascendentes, em concorrência com o cônjuge;
III - ao cônjuge sobrevivente;
IV - aos colaterais.

168 Art. 1.790. A companheira ou o companheiro participará da sucessão do outro, quanto aos bens adquiridos onerosamente na vigência da união estável, nas condições seguintes:
I - se concorrer com filhos comuns, terá direito a uma quota equivalente à que por lei for atribuída ao filho;
II - se concorrer com descendentes só do autor da herança, tocar-lhe-á a metade do que couber a cada um daqueles;
III - se concorrer com outros parentes sucessíveis, terá direito a um terço da herança;
IV - não havendo parentes sucessíveis, terá direito à totalidade da herança.

INCONSTITUCIONALIDADE

Disposição de grande controvérsia é a do Art. 1.790, incs. III e IV, em que o companheiro sobrevivente somente herdará a totalidade dos bens se não existirem ascendentes ou colaterais até o quarto grau. Posicionamentos recentes de Tribunais pátrios debatem a constitucionalidade de referido inciso III, conforme os seguintes julgados: Sucessão aberta após a vigência do novo Código Civil. Direito sucessório da companheira em concorrência com irmãos do obituário. Inteligência do Art. 1.790, III, da novel legislação. Direito a um terço da herança. Inocorrência de inconstitucionalidade. Não há choque entre o Código e a Constituição na parte enfocada. A norma do Art. 226, § 3°, da Constituição Federal não equiparou a união estável ao casamento nem tampouco dispôs sobre regras sucessórias. As disposições podem ser consideradas injustas, mas não contêm eiva de inconstitucionalidade. Reconhecimento dos colaterais como herdeiro do de cujus".[169]

ARROLAMENTO

Companheiro sobrevivente. Reconhecimento incidental da união estável, à vista das provas produzidas nos autos. Possibilidade. Exclusão do colateral. Inaplicabilidade do Art. 1.790, III, do CC, por afronta aos princípios da igualdade e dignidade da pessoa humana e leitura sistematizada do próprio Código Civil. Equiparação ao cônjuge supérstite. Precedentes. Agravo improvido.[170] EMBARGOS INFRINGENTES. UNIÃO ESTÁVEL. SUCESSÃO. COMPANHEIRA SOBREVIVENTE. DIREITO À TOTALIDADE DA HERANÇA. EXCLUSÃO DOS COLATERAIS. INAPLICABILIDADE DO ART. 1.790, INC. III, DO CÓDIGO CIVIL.

Tendo a Constituição Federal, em seu Art. 226, § 3°, equiparado a união estável ao casamento, o disposto no Art. 1.790, III, do Código

---

169 Tribunal de Justiça do Estado do Rio de Janeiro. Agravo de Instrumento n° 2003.002.14421, Desembargador Relator Marcus Faver, 18ª Câmara de Direito Privado, j. 07/04/2004 *in* GONÇALVES, Carlos Roberto. *Direito Civil Brasileiro – Direito das Sucessões*. V. 7. São Paulo: Saraiva, 2010, p. 191.

170 Tribunal de Justiça do Estado de São Paulo. Agravo de Instrumento n° 609.024-4/4-00, Desembargador Relator Caetano Lagastra, 8ª Câmara de Direito Privado, j. 06/05/2009 em http://www.tjsp.jus.br. Acesso em 30/05/2010.

Civil vigente colide com a norma constitucional prevista, afrontando princípios da dignidade da pessoa humana e da igualdade, resguardados na Carta Constitucional, razão para ser negado vigência ao disposto legal.

À união estável são garantidos os mesmos direitos inerentes ao casamento, efeito que se estende ao plano sucessório, mormente no caso em exame onde autora e de cujus viveram more uxorio por três décadas, obtendo o reconhecimento judicial desta união como estável aos fins da C.F.

Inexistindo descendentes e ascendentes, é da companheira sobrevivente o direito à totalidade da herança, excluindo-se os parentes colaterais.

EMBARGOS INFRINGENTES ACOLHIDOS. SUSCITADO INCIDENTE DE RESERVA DE PLENÁRIO.[171]

Reserva legal. Questão controversa também é trazida quanto à aplicabilidade na união estável da quota parte mínima de ¼ dos bens da herança, disposto no Art. 1.832.[172]

ADMINISTRAÇÃO DA HERANÇA (Arts. 1791ss)

No Art. 1.797[173] há expressa menção ao casamento e união estável.

---

171 Tribunal de Justiça do Estado do Rio Grande do Sul. Embargos Divergentes nº 70027265545, Desembargador Relator André Luiz Planella Villarinho, 4º Grupo Cível, j. 10/07/2009 em <http://www.tjrs.jus.br>. Acesso em 30/05/2010.

172 Art. 1.832. Em concorrência com os descendentes (Art. 1.829, inciso I) caberá ao cônjuge quinhão igual ao dos que sucederem por cabeça, não podendo a sua quota ser inferior à quarta parte da herança, se for ascendente dos herdeiros com que concorrer.

173 Art. 1.797. Até o compromisso do inventariante, a administração da herança caberá, sucessivamente:
I - ao cônjuge ou companheiro, se com o outro convivia ao tempo da abertura da sucessão;
II - ao herdeiro que estiver na posse e administração dos bens, e, se houver mais de um nessas condições, ao mais velho;
III - ao testamenteiro;
IV - a pessoa de confiança do juiz, na falta ou escusa das indicadas nos incisos antecedentes, ou quando tiverem de ser afastadas por motivo grave levado ao conhecimento do juiz.

FALTA DE LEGITIMAÇÃO TESTAMENTÁRIA (Art. 1.801)

Dentre os que figuram como não legitimados a suceder por disposição testamentária, consta o concubino de testador casado, nos termos do Art. 1.801[174]. Atual interpretação da norma caminha pela não incidência do referido impedimento às relações de união estável, destacando que a ampliação interpretativa ensejaria restrição de direito.

Nesse sentido, enunciado da III Jornada do CJF/STJ n° 269: *a vedação do Art. 1.801, inc. III, do Código Civil não se aplica à união estável, independentemente do período de separação de fato (Art. 1.723, § 1°).*

INDIGNIDADE (Arts. 1814ss)

As causas de indignidade (excluídos da sucessão) do Art. 1.814[175] expressamente mencionam o companheiro, de forma a aplicar em ambos os grupos de família.

---

174 Art. 1.801. Não podem ser nomeados herdeiros nem legatários:
I - a pessoa que, a rogo, escreveu o testamento, nem o seu cônjuge ou companheiro, ou os seus ascendentes e irmãos;
II - as testemunhas do testamento;
III - o concubino do testador casado, salvo se este, sem culpa sua, estiver separado de fato do cônjuge há mais de cinco anos;
IV - o tabelião, civil ou militar, ou o comandante ou escrivão, perante quem se fizer, assim como o que fizer ou aprovar o testamento.

175 Art. 1.814. São excluídos da sucessão os herdeiros ou legatários:
I - que houverem sido autores, coautores ou partícipes de homicídio doloso, ou tentativa deste, contra a pessoa de cuja sucessão se tratar, seu cônjuge, companheiro, ascendente ou descendente;
II - que houverem acusado caluniosamente em juízo o autor da herança ou incorrerem em crime contra a sua honra, ou de seu cônjuge ou companheiro;
III - que, por violência ou meios fraudulentos, inibirem ou obstarem o autor da herança de dispor livremente de seus bens por ato de última vontade.

FALTA DE LEGITIMAÇÃO (Art. 1.830)

O Art. 1.830[176] menciona a não inclusão do cônjuge na ordem de vocação se preenchidas as hipóteses mencionadas (separação de fato há mais de 2 anos e inexistência de culpa do sobrevivente). Aplicar-se--ia referida disposição ao companheiro sobrevivente?

DIREITO REAL DE HABITAÇÃO (Art. 1.801)

Ao cônjuge sobrevivente é deferido o direito real de habitação, nos termos do Art. 1.831.[177]

No referido tema, quanto à união estável, aplicáveis os termos do Art. 2° da Lei n° 8.971/1994178 e do Art. 7°, parágrafo único, da Lei n° 9278/1996179, anteriores ao Código Civil, que disciplinam o direito ao companheiro sobrevivente o direito real de habitação e também o usufruto. Dessa forma, o direito do companheiro sobrevivente alcança não só o direito real de habitação, mas também o usufruto de parte dos bens do falecido.

Nesse sentido, o enunciado da I Jornada do CNJ/STJ n° 117 em que estabelece: *o direito real de habitação deve ser estendido ao companheiro, seja por não ter sido revogada a previsão da Lei n° 9.278/96, seja em razão da interpretação analógica do Art. 1.831, informado pelo Art. 6°,* caput, *da CF/88.*

---

176 Art. 1.830. Somente é reconhecido direito sucessório ao cônjuge sobrevivente se, ao tempo da morte do outro, não estavam separados judicialmente, nem separados de fato há mais de dois anos, salvo prova, neste caso, de que essa convivência se tornara impossível sem culpa do sobrevivente.

177 Art. 1.831. Ao cônjuge sobrevivente, qualquer que seja o regime de bens, será assegurado, sem prejuízo da participação que lhe caiba na herança, o direito real de habitação relativamente ao imóvel destinado à residência da família, desde que seja o único daquela natureza a inventariar.

178 Art. 2° As pessoas referidas no Artigo anterior participarão da sucessão do(a) companheiro(a) nas seguintes condições:
I - o(a) companheiro(a) sobrevivente terá direito enquanto não constituir nova união, ao usufruto de quarta parte dos bens do de cujos, se houver filhos ou comuns;
II - o(a) companheiro(a) sobrevivente terá direito, enquanto não constituir nova união, ao usufruto da metade dos bens do de cujos, se não houver filhos, embora sobrevivam ascendentes;
III - na falta de descendentes e de ascendentes, o(a) companheiro(a) sobrevivente terá direito à totalidade da herança.

179 Art. 7° Dissolvida a união estável por rescisão, a assistência material prevista nesta Lei será prestada por um dos conviventes ao que dela necessitar, a título de alimentos.
Parágrafo único. Dissolvida a união estável por morte de um dos conviventes, o sobrevivente terá direito real de habitação, enquanto viver ou não constituir nova união ou casamento, relativamente ao imóvel destinado à residência da família.

HERDEIROS NECESSÁRIOS (Art. 1.845)

O Art. 1.845[180] identifica os novos herdeiros necessários, não mencionando o companheiro. Caberia ao intérprete ampliar o benefício legal?

A doutrina de Francisco José Cahali e Fabiana Domingues Cardoso[181] respondem à pergunta se o companheiro é herdeiro necessário:

> *Negativa é a nossa resposta em análise às disposições legais a respeito identificadas no Código Civil. Isso porque, em nosso entender, em que pese a similaridade existente entre a sucessão do cônjuge e a do companheiro, a intenção de legislador foi a de não deferir ao companheiro esse predicado, pois, ao contrário, o teria expressamente disposto, como procedeu com o cônjuge.*

DIREITO PREVIDENCIÁRIO

O PBPS – Plano de Benefícios da Previdência Social dispõe no Art. 15 da Lei nº 8.213/1990[182] norma de proteção ao cônjuge e ao companheiro sobrevivente, deferindo regularmente a pensão previdenciária em casos de falecimento de segurado.

Conversão de União Estável em Casamento

A distinção entre casamento e união estável, com profundas consequências nos relacionamentos, evidencia-se novamente frente aos termos o Art. 1.726,[183] que acompanha a determinante da Constituição

---

180 Art. 1.845. São herdeiros necessários os descendentes, os ascendentes e o cônjuge.

181 HIRONAKA, Giselda M. F. (coord.). CAHALI, Francisco José. CARDOSO Fabiana Domingues. *Direito das Sucessões*. V. 8, São Paulo: RT, p. 145, 2008.

182 Art. 16. São beneficiários do Regime Geral de Previdência Social, na condição de dependentes do segurado: I - o cônjuge, a companheira, o companheiro e o filho não emancipado, de qualquer condição, menor de 21 (vinte e um) anos ou inválido; (Redação dada pela Lei nº 9.032, de 1995).

II - os pais;

III - o irmão não emancipado, de qualquer condição, menor de 21 (vinte e um) anos ou inválido; (Redação dada pela Lei nº 9.032, de 1995).

Federal, Art. 226, § 3°, ao possibilitar à união estável a sua conversão em casamento.

Não temos como compreender o casamento e a união estável como figuras equiparadas ou sinônimas. Não há como um instituto converter-se em algo idêntico, sendo que cada qual tem seu conceito próprio.

Conclusão

O tema da não equiparação do casamento às relações de união estável não é pacífico, e em nosso entender e com o respeito merecido pelas opiniões diversas, união estável não é casamento – cada instituto possui suas características, são inconfundíveis entre si e possuem suas limitações próprias.

Isso se deve, sem sombra de dúvida, à escolha do legislador pátrio em separar as duas figuras de relacionamento. De acordo com o Art. 226, da Constituição Federal, considera-se família as relações matrimoniais, de união estável e a monoparental, devendo o Estado proteger cada grupo. A própria Constituição Federal distingue as modalidades de família – e o legislador infraconstitucional caminhou no mesmo sentido.

Não há, portanto, equiparação entre as disposições do casamento e as disposições da união estável. União Estável é União Estável. Casamento é Casamento.

---

183 Art. 1.726. A união estável poderá converter-se em casamento, mediante pedido dos companheiros ao juiz e assento no Registro Civil.

O Acesso à Justiça e à Tutela Penal dos Interesses Difusos nas Relações de Consumo Praticadas pela Internet

Fabrizio Rosa[184]

O presente Artigo tem como objetivo provocar uma discussão sobre as principais questões jurídicas envolvendo as relações de consumo na internet e dos demais meios eletrônicos, suas vicissitudes, e a consequente tutela penal dos interesses difusos. Assim, é necessário pensar, sob uma perspectiva comparativa, uma melhor solução de regulamentação do ambiente eletrônico a fim de buscar uma reflexão tendo como perspectiva não só o Direito Brasileiro como também o direito comparado. Portanto, inegável a existência de uma nova área do Direito – Direito Informático – fazendo-se necessário, desse modo, a compatibilização das relações de consumo do espaço virtual com o Estado Democrático de Direito. Em razão de sua relevância social e jurídica, pretende-se contribuir para o estágio atual de desenvolvimento do conhecimento, possibilitando aos operadores do Direito, com atuação na área dos interesses difusos e coletivos, a aquisição de novos conhecimentos capazes de influir no aprimoramento de suas práticas.

Nesse sentido, os interesses difusos no âmbito da seara penal ganham destaque, fazendo surgir uma nova categoria de direitos fundamentais. Entretanto, o simples reconhecimento desses direitos não é suficiente para garantir sua eficácia. Portanto, inegável a importância que os legisladores e os operadores do Direito promovam de forma articulada medidas concretas à realização jurídica e social do acesso à justiça para efeitos de tutela penal dos interesses difusos, de modo que o aparato jurisdicional do Estado possa atender à demanda a que constantemente seja chamado nessa área.

---

184 O autor é Advogado criminalista, mestre em Direito Penal com a dissertação "Crimes de Informática", Coordenador do Curso de Direito na POLICAMP, Coordenador Pedagógico do Curso de Estudos Avançados em Direito do Grupo Polis Educacional, professor da PUC-Campinas nas disciplinas Direito Penal, Processo Penal, Temas Atuais em Direito Penal e Legislação Penal Especial.

Assim, mister se faz definir o direito de acesso à justiça, com as sucessivas etapas perante as quais aquele direito se projetou, e estabelecer um vínculo entre os interesses difusos e o direito de acesso à justiça, uma vez que, entre eles, existe uma relação de profunda dependência.

As modificações que o capitalismo e os modelos econômicos vêm enfrentando, entre eles, o modelo de Estado, diante das relações sociais em que vivemos, estão despertando a doutrina penal para a proteção de interesses que não são individuais, mas metaindividuais ou pluri-individuais, atingindo amplos setores da população. Nesse passo, é crescente o estudo na área dos interesses difusos e coletivos, com a finalidade de criar ações inovadoras e de aperfeiçoar os atuais mecanismos de defesa social, além de possibilitar a integração pessoal e científica dos profissionais com atuação na área dos interesses difusos e coletivos, visando a afirmação definitiva dos avanços legais, doutrinários e jurisprudenciais, com o propósito final de criar a base ética, jurídica e filosófica necessária ao efetivo cumprimento da ordem jurídica, principalmente no ambiente informático, na proteção e defesa do consumidor.

Um dos primeiros instrumentos de que se tem conhecimento em relação à tutela do consumidor foi o Código de Hamurabi, que, por meio das Leis nº 233 e 234, protegia o consumidor nos casos de serviços deficientes. Também o Código de Massu, vigente na Mesopotâmia, no Egito Antigo e na Índia do séc. XII a.C., o qual protegia os consumidores indiretamente ao tentar regular as trocas comerciais. No direito romano clássico, o vendedor era responsável pelos vícios da mercadoria a menos que os ignorasse. No período Justiniano, a responsabilidade passou a ser atribuída ao vendedor independente de seu conhecimento do vício. Se a venda tivesse sido feita de má-fé, cabia ao vendedor ressarcir o consumidor devolvendo a quantia recebida em dobro. O *Sherman Antitrust* Act, de 1890, foi a primeira manifestação moderna de necessidade de proteção ao consumidor. Mas apenas em 1962, com a mensagem do Presidente Kennedy ao Congresso dos Estados Unidos da América, conhecida como "Declaração dos Direitos Essenciais do Consumidor", é que se consolidou a ideia de sua tutela como verdadeira política pública, onde foram definidos os quatro direitos fundamentais do consumidor, dentre eles o direito a segurança, informação, e escolha de ser ouvido ou consultado.

Nas últimas décadas, os países viram a necessidade de unir-se em blocos, a fim de reduzir as barreiras tarifárias e incrementar o comércio internacional para competir no mundo globalizado. Os consumidores passaram a contar com a facilidade de poder adquirir os mais variados produtos e serviços originários de qualquer parte do mundo.

Como se não bastasse a Revolução Industrial, – que marcou a passagem do capitalismo comercial para o capitalismo industrial, provocando profundas mudanças sociais e econômicas no século XIX – a Revolução Digital está marcando a nossa época. Enquanto aquela foi movida pela força das máquinas a vapor, que possibilitaram a produção em massa, a Revolução Digital encontra nos novos mecanismos de comunicação, automação e inteligência artificial, o seu motor que, ao contrário do que se viu na revolução precedente, está sendo implementada com uma velocidade jamais experimentada.

Ponto nevrálgico dos novos tempos, da Revolução Industrial aos dias atuais, o mercantilismo assumiu papel de dominação além de atentados aos direitos individuais e até mesmo a sociedades inteiras. Dessa forma, cresceu nas sociedades a necessidade de buscar mecanismos de proteção diante das relações de consumo.

Nesse passo, o processo necessitou se amoldar à nova realidade das relações (e conflitos) de massa, o que acarretou consequências para a tutela civil e/ou penal dos interesses difusos. Na realidade, o processo construído sob o pressuposto individualista e tradicional, apropriado para resolver conflitos do tipo Tício *versus* Caio, passou a mostrar-se precário para dar uma resposta satisfatória à complexidade das questões que se engendram nos litígios de massa, a exemplo do que ocorre em diversas ações que visam à tutela do meio ambiente e dos direitos dos consumidores, por exemplo.

A superação desse paradigma individualista torna-se inevitável quando a tutela jurisdicional tem por objeto os chamados interesses difusos. Esses interesses são aqueles que pertencem a todos e a cada um dos membros de uma comunidade, de um grupo ou de uma classe e que não são suscetíveis de apropriação individual por nenhum desses sujeitos. Os interesses difusos pertencem a todos e a ninguém, porque os bens jurídicos a que se referem - como, por exemplo, o meio ambiente, o consumo ou a qualidade de vida - são de todos e não podem ser atribuídos em exclusividade a nenhum sujeito.

Na esteira que reconhece no acesso à justiça um conteúdo marcadamente conexo à justiça social, encontramos a posição de Mauro Cappelletti e Bryant Garth, cujos estudos precursores são de extrema relevância para compreender-se a dimensão contida na garantia constitucional de acesso à justiça. Em consonância com seus ensinamentos, "a expressão 'acesso à Justiça' é reconhecidamente de difícil definição, mas serve para determinar duas finalidades básicas do sistema jurídico - o sistema pelo qual as pessoas podem reivindicar seus direitos e/ou resolver seus litígios sob os auspícios do Estado".[185]

E é exatamente nesse contexto que se torna importante a análise do acesso à justiça e a tutela penal dos interesses difusos frente às relações de consumo praticadas no ambiente virtual. Afinal de contas, a nova fronteira dos negócios virtuais dividiu-se, então, em três grandes categorias: o fornecimento de produtos ou a prestação de serviços na própria internet, como por exemplo, serviços de notícias, de corretagem, de venda de programas, etc.; fornecimento de produtos ou serviços a serem entregues ou prestados fora da Rede e, por fim, as transferências valores.

O rápido desenvolvimento do comércio eletrônico no mundo ocasionou uma revolução na forma de realizar negócios jurídicos. As facilidades introduzidas pelas transações eletrônicas estão fazendo com que o documento físico (papel) e a presença das partes para a conclusão do negócio tornem-se, na maioria das vezes, desnecessários.

Essa mudança brusca na forma de realizar negócios cria insegurança no momento da efetivação das transações. Questões relacionadas à autenticidade e à validade do documento eletrônico, bem como sobre segurança e privacidade das transações, têm sido amplamente discutidas.

Inegável que essas novas formas de se relacionar passaram a exigir do Estado uma postura mais ativa no sentido da implementação de políticas públicas para garantir o acesso à justiça de todos os cidadãos, numa perspectiva não mais individual, mas sim socialmente conflituosa, como é própria dos interesses difusos.[186]

Apesar de alguns considerarem que a legislação brasileira atualmente existente (Código Penal, Código Civil, Código Comercial,

---

185 CAPPELLETTI, M.; GARTH, B. Acesso à Justiça. Tradução de Ellen Gracie Northfleet. Porto Alegre: Fabris, 1988.

186 BENJAMIN, A. H. A insurreição da aldeia global contra o processo civil clássico: apontamentos sobre a opressão e a libertação judiciais do ambiente e do consumidor, Textos - Ambiente e Consumo, Centro de Estudos Judiciários, I vol., 1996.

Código de Defesa do Consumidor, Lei de Direito Autoral, entre outras) é suficiente para regular as transações eletrônicas, muito se tem discutido, também sobre a necessidade da edição de uma norma específica.

Outro grande questinamento do acesso à justiça na tutela penal dos interesses difusos merece destaque quando se trata dos obstáculos outros, que não apenas o aparato legal, a serem enfrentados para a tutela de interesses difusos. Por um lado, os obstáculos objetivos, que se relacionam com os custos inerentes ao processo; o valor porventura ínfimo do dano consumerista que não compensa o recurso às medidas judiciais cabíveis; a distância entre o órgão competente para julgar determinada demanda e a residência do litigante; a sua disponibilidade de tempo; a lentidão da justiça. São os chamados riscos do processo.

De outra banda, existem os obstáculos subjetivos, que têm por base os óbices de caráter psicológico, decorrentes da posição de inferioridade do sujeito a que se destina a tutela, em face do sujeito que viola o interesse difuso, o qual corresponde, não raro, a um agente econômico de grande poder aquisitivo; o desconhecimento da lei e dos direitos que lhe são conferidos; e, por fim, as peculiaridades da linguagem processual forense, por vezes incompreensível ao cidadão médio, e o tratamento formal que predomina nos espaços dedicados à prestação jurisdicional.

É, portanto, necessário uma conjungação de esforços para atenuar as dificuldades surgidas com o desenvolvimento da sociedade. Na lição de Antônio Herman Benjamin: "Em regra, num raciocínio extremamente superficial ou simplista, há um interesse preponderante do agente econômico no lucro de sua atividade e um outro, em oposição, de que é titular a sociedade como um todo, na qualidade de produtos e serviços, na boa-fé e transparência das relações de consumo, no resguardo do ambiente, na sustentabilidade do desenvolvimento (e também do consumo)".[187]

A virada do milênio nos trouxe um mundo novo repleto de desafios. Valores e realidades estão sendo transformados para dar lugar às tendências modernas. Todos os setores da civilização estão sendo obrigados a recepcionar o impacto da alta tecnologia em seu habitat.

---

187 BENJAMIN, A. H. A insurreição da aldeia global contra o processo civil clássico: apontamentos sobre a opressão e a libertação judiciais do ambiente e do consumidor, Textos - Ambiente e Consumo, Centro de Estudos Judiciários, I vol., 1996.

Apesar da inevitável repulsa de alguns setores, a revolução cibernética não sofre nenhuma baixa seguindo seu caminho devastador.

Como não poderia deixar de ser, a digitalização penetrou no campo das relações jurídicas modificando sobremaneira o dia a dia de todos os profissionais da área de Direito. Uma das principais ferramentas de trabalho do advogado, a máquina de escrever, foi ligeiramente sendo substituída pelo computador. Vários programas controlam resenhas, prazos processuais e até mesmo elaboram petições com vistas a facilitar o trabalho agilizando o serviço prestado. Além disso, foram criados *sites* institucionais e de escritórios de advocacia onde o usuário, em segundos, obtém as informações concernentes ao seu processo. Portanto, a informática trouxe e vem trazendo uma infinidade de benefícios que geraram relações de consumo, comerciais, contratuais, etc.

É inegável que a mencionada Revolução Digital trouxe avanços significativos para a sociedade em geral e permitiu que países, como o Brasil, pudessem ser integrados ao mundo globalizado em diversos aspectos. Entretanto, a consumação da informação lapidada em sistemas informatizados conjugada com a celeridade do fluxo alcançado com a rede mundial de computadores não restringiu em apenas benesses para a sociedade brasileira.

A grande questão é que os usuários desse sistema optaram apenas em se preocupar com os benefícios advindos da era da informática sem atentar que essas práticas poderiam ocasionar consequências jurídicas e possivelmente lesão a direitos assegurados na legislação.

Importante observar que os riscos sempre fizeram parte da existência humana em sociedade. Todavia, antes do advento da Revolução Industrial, os riscos eram tidos e sentidos pela coletividade como oriundos de fatores externos e estranhos a ela. Assim, ou se referiam a eventos naturais ou a contato belicoso com outras comunidades. Com a evolução tecnológica, enquanto se minimizavam os riscos externos, como doenças e catástrofes naturais, numa contradição apenas aparente, a sociedade humana passou a se expor a uma carga cada vez maior de riscos originados naquela mesma evolução tecnológica.

O despertar de alguns para essa questão teve início apenas quando começaram a surgir problemas de ordem jurídica como, por exemplo, de existência de normas, jurisdição e aplicação da lei. A partir desse momento, e até hoje, os estudiosos passaram a se preocupar em resolver as questões advindas da utilização da informática adequando a legislação vigente aos casos virtuais, ocasionando, assim, uma série de discussões e interpretações de toda a ordem e nos mais variados sentidos, não trazendo soluções eficazes e concretas na grande maioria dos casos.

Por isso mesmo que os instrumentos de acesso à justiça podem ter natureza preventiva, repressiva ou reparatória. Por último, tratar-se-ia do acesso ao Direito, a uma ordem jurídica justa, em que o acesso à justiça se confundiria com o próprio acesso ao poder.

É importante esclarecer que, basicamente, dois princípios formam o substrato jurídico-constitucional relativo ao acesso à justiça: a dignidade da pessoa humana e o Estado de Direito. Partindo do pressuposto de que a pessoa humana constitui a finalidade precípua e legitimadora de todo o arcabouço jurídico, emerge indubitável o papel desempenhado pela dignidade da pessoa humana, a qual serve como fundamento para a própria Constituição Federal.

Inconcebível, assim, que os indivíduos não disponham dos meios necessários para reivindicar a prestação jurisdicional junto aos órgãos competentes por ela responsáveis. Em suma, somente poder-se-á falar de dignidade da pessoa humana em um regime no qual os cidadãos contém com os mecanismos de acesso ao Poder Judiciário para fazer valer seus direitos, notadamente aqueles direitos que gozam de especial relevo constitucional, tal como o meio ambiente, por exemplo, erigido à qualidade de direito fundamental.[188]

Quanto ao segundo princípio, se partirmos da premissa de que o Estado, em sua concepção pós-moderna, é um Estado de direito democrático, afirmação da qual resulta a estreita articulação entre o Estado de Direito e a Democracia, inevitável constitui também consignar a ligação entre Estado de Direito e o acesso à justiça para a proteção dos mais básicos direitos[189].

O comércio realizado pela internet mostra-se extremamente promissor e rentável às empresas ao ponto de determinar até mesmo o sucesso ou insucesso de empresas que se inserem nesse filão. Entretanto, surgem questões do tipo: Como poderemos regulamentar as

---

188 CRAMER, R. Exclusão Jurídica - Acesso à Justiça no Contexto Brasileiro. Direito, Estado e Sociedade, pp. 22-23, janeiro/dezembro, 2003.

189 DUARTE, R. P. Garantia de Acesso à Justiça: os direitos processuais fundamentais. Coimbra: Coimbra Editora, 2007.

relações de consumo estabelecidas via internet? Em uma economia mundializada, como poderemos estabelecer o Tribunal competente para as relações estabelecidas por consumidor e fornecedor de países diferentes? Qual o direito a ser utilizado? Qual validade jurídica dos contratos celebrados? Questões que proliferam e deixam o jurista perplexo e que só poderão ser resolvidos através da aproximação do Direito do Consumidor com o Direito Eletrônico.

As relações jurídico-virtuais passaram a ser tratadas, como até hoje são, de forma subalterna, sempre atrelada aos ramos tradicionais do Direito. Tal pensamento tem contribuído em nosso sentir para a proliferação de diversos entendimentos sobre o mesmo assunto sem a efetiva solução da questão.

A incorporação das novas tecnologias da informação em nossa sociedade faz com que em diversas situações, os conceitos jurídicos tradicionais sejam pouco idôneos para interpretar as novas realidades. O avanço de sua implantação em todas as atividades tem provocado transformações de ampla magnitude que nos permite afirmar que a sociedade atual está imersa na era da revolução informática.

A informação tem sido qualificada como um autêntico poder nas sociedades avançadas, demonstrando sua importância desde a antiguidade e que com o desenvolvimento da telemática seu valor tem expandido de tal forma que se dirige a um futuro promissor para uns e incertos para outros.

Por isso, vemos a necessidade urgente de estabelecer diretrizes que permitam a todos segurança jurídica no estabelecimento de relações de consumo no campo virtual, já que, por serem específicas, possuem peculiaridades que somente o estudo direcionado e voltado para essas questões poderiam efetivamente resolver os problemas advindos do espaço eletrônico. Nesse cenário surge o Direito Penal do Consumidor, como um ramo do Direito Penal Econômico que tem por finalidade o estudo de toda a forma de proteção penal à relação de consumo, como bem jurídico imaterial, supra-individual e difuso.

Como ensina Ada Pellegrini Grinover, os interesses difusos são aqueles que não encontram apoio numa relação-base bem definida, reconduzindo-se, na realidade, o vínculo entre as pessoas a fatores conjunturais ou genéricos, a circunstâncias muitas vezes acidentais, tais como as que decorrem de habitar a mesma região, consumir o mesmo produto, viver em determinadas condições socioeconômicas e etc,[190]

Assim, o Direito Penal do Consumidor circula em torno dos crimes contra o consumidor, os quais são forma de abuso do poder econômico que atentam contra a ordem econômica geral e devem ser coibidos.

Entretanto, a utilização inapropriada das técnicas e procedimentos informáticos, inclua-se a internet, reveste-se de um grave fator criminógeno de delicado controle. Como decorrência, assiste-se de imediato o relevante impacto das novas tecnologias nos regramentos jurídicos, em especial no Direito Penal. Porém, não se deve criminalizar para fazer crer que se solucionou o problema.

Ademais, a disparidade de costumes e cultura dos povos, respaldada pela inalienável soberania dos países, não permite imposição de regramentos legais internacionais uniformes – o que se aplica também no âmbito da criminalidade na tecnologia da informação. Entretanto, convenções internacionais, como exemplo a realizada em Budapeste, em 2000, demonstram o impulso de políticas criminais eficientes a serem aplicadas e, por conseguinte, dentre outros, à pornografia infantil na internet, fraudes de cunho financeiro-econômico e demais práticas relativas à informática e tecnologia da informação em geral.

Contudo, é fato que a criminalidade econômica – lesiva à ordem econômica, bem imaterial, por natureza – é tida como a criminalidade moderna, bem diversa da criminalidade clássica, porque transcende os direitos individuais, atingindo bens jurídicos supra individuais. Bem por isso, necessária a distinção entre o Direito Penal Econômico em sentido amplo, que abarca os crimes econômicos (furto, estelionato, apropriação indébita, falsificação de documentos, dentre outros), do Direito Penal Econômico em sentido estrito, cujo escopo é a proteção das condições essenciais de funcionamento do sistema econômico, outorgado ao legislador penal a partir da Constituição Federal de 1988.

É claro que, orientado pelos princípios da legalidade - em todos os seus aspectos, - da intervenção mínima, da adequação social, à luz do moderno garantismo penal explicitado por Ferrajoli, a boa técnica indica que é necessário separar as infrações merecedoras de sanção penal daquelas que só devem receber sanções civis e administrativas.

---

190 GRINOVER, A. P. Novas Tendências na tutela jurisdicional dos interesses difusos. Revista do Curso de Direito da Universidade Federal de Uberlândia, vol. 13, nº 1/2, 1984.

Mais ainda, que sejam utilizadas fórmulas claras e exatas, definindo quais as condutas que autorizam a sanção. Portanto, existem relações de consumo praticadas no ambiente informático que devem merecer atenção do legislador pátrio com a devida e necessária tutela do direito penal de modo a proteger tais bens jurídicos ameaçados.

Bem por isso, torna-se necessário compreender, através de uma análise estrutural de aplicação da Lei nº 8.078/90 e seus resultados verificando os direitos dos consumidores e os princípios das relações de consumo inseridos no texto constitucional, a influência dos tipos penais na sociedade, principalmente no ambiente da internet, de modo que se proceda ou não a tutela penal através da criminalização das condutas lesivas ao sistema econômico, às relações de consumo e, por fim, ao próprio consumidor, inseridos no mundo virtual. Vale dizer que existem condutas penais que já se encontram tipificadas no atual Ordenamento Jurídico, sendo o ambiente informático apenas mais um meio de se praticar os crimes previstos em nossa legislação; entretanto, surgem novas condutas que ainda não encontram respaldo em nossa legislação e que afetam as relações de consumo, especialmente no ambiente digital, de modo a necessitar a intervenção do Direito Penal nas relações de consumo praticadas pela internet. Muito cuidado deve ser tomado em relação a esses tipos de delitos, pois alguns deles já não podem mais ser alcançados pelas sanções penais vigentes que se apresentam desatualizadas e estáticas diante de tantas inovações que promovem verdadeiras lacunas diante da modernidade.

É inegável a proteção do consumidor como uma decorrência do desenvolvimento dos mercados além de sua intervenção legislativa em favor dos mais fracos, por um imperativo de justiça distributiva. Fundamental e necessário, também, a leitura do Código de Defesa do Consumidor, compreendendo sua justificativa histórica, social e econômica, seus princípios fundamentais, a responsabilidade dos fornecedores de produtos e serviços e a proteção individual e coletiva dos consumidores nos contratos e nas demais relações de consumo, especificamente, praticadas no ambiente informático.

A evolução da doutrina vem acompanhando o desenvolvimento da teoria do bem jurídico e a perspectiva social do crime, deixando de lado cada vez mais o exclusivo individualismo na concepção do Direito Penal, para reconhecer a importância do sistema social na caracterização do bem jurídico.

Fácil notar, portanto, que muitos meios já foram pensados e alguns até mesmo implementados com vistas à concretização do direito de acesso à justiça para fins de tutela penal dos interesses difusos.

Graças aos avanços e à democratização do acesso aos veículos de comunicação em massa, existe hoje uma grande difusão dos direitos conferidos aos cidadãos e à coletividade.

Bem por isso, a fim de atender a essa demanda crescente, fica nítido perceber cada vez mais a importância desempenhada pelos órgãos do Ministério Público, pelas entidades da sociedade civil organizada, por meio de suas associações e organizações não governamentais e pela Defensoria Pública, para a propositura de ações civis públicas, à luz do disposto no Art. 5.°, inciso II, da Lei n° 7.347/95.

Claro que ainda estamos caminhando a passos curtos para solucionar tais problemas, sobretudo quando se envolve nessa problemática o tão assoberbado Poder Judiciário, abarrotado de ações judiciais - muitas sem o menor propósito - e sem capacidade do ponto de vista administrativo e financeiro para atender a essa assombrosa demanda.

Portanto, acredita-se que as alterações legislativas seriam, em um primeiro momento, de fundamental importância. O sistema jurídico incidente à disciplina legal das ações coletivas, no Brasil, constituído pelas Leis de Ação Popular e de Ação Civil Pública e pelo Código de Defesa do Consumidor, é hoje um emaranhado de normas jurídicas que, embora se articulem e complementem na medida do possível, não comportam o grau de sistematização que uma matéria de tamanha relevância requer.

Somente por meio dessa estreita articulação entre órgãos estatais, canais de imprensa e sociedade civil organizada será possível alcançar resultados práticos satisfatórios que conduzam à melhoria da prestação jurisdicional no Brasil relativamente a direitos com tamanha relevância social.

A Imunidade de Soberania e o Direito do Trabalho. Uma Adequação da Questão às Características do Direito Internacional Público

Luís Renato Vedovato[191]

~Introdução~

O texto desenvolve um estudo sobre a imunidade de jurisdição do Estado perante tribunal estrangeiro, tanto no conhecimento quanto na execução. Os fatos que desencadearam a relativização dessa imunidade servem para entender a gradual adequação de sua regulação às características do Direito Internacional Público, principalmente o consenso e a descentralização, através da divisão entre atos de império e de gestão. Em comparação com outros ordenamentos jurídicos que começaram a transição no final do século XIX, o brasileiro passou por um retardo, que foi superado apenas após a Constituição de 1988. Essa pode ser tida como a desencadeadora da aplicação no país da teoria temperada, pois criou as condições para que se adotassem as novas normas costumeiras internacionais sobre o tema.

1. Aspectos Introdutórios

Quando comparado com os direitos internos,[192] o Direito Internacional Público[193] (DIP), como pregam uma parcela dos estudiosos do

---
[191] Mestre e doutorando em Direito Internacional pela Universidade de São Paulo.
[192] Cf. BROWNLIE, Ian. *Principles of Public International Law.* 4th. Editora Oxford: Clarendon Press; 1990, p. 75.
[193] Principalmente depois da colocação em prática da chamada doutrina Bush de ataques preventivos, que foi efetivada com a intervenção armada no Iraque em março de 2003, voltou a lume a discussão sobre a existência do Direito Internacional Público. Entendendo, todavia, superada essa questão, pois se existe uma sociedade recheada de relações jurídicas, há direito a ela aplicável, *ubi societas ibi jus*, e os sujeitos de direito internacional formam uma sociedade internacional; sugiro a leitura de MALANCZUK, ob.cit., p. 5, PASTOR RIDRUEJO, José A.

direito e a maioria dos leigos, pode ser tido como uma disciplina problemática.[194] Realmente, ele tem características próprias que são reflexos de sua constituição preponderante por normas horizontais, resultado de sua impossibilidade, quase total, de impor normas aos seus sujeitos,[195] todos igualmente independentes.[196]

Daí a importância da identificação de suas características fundamentais que são: a *descentralização*, pois não há órgãos concentradores do monopólio da criação e aplicação de normas; o *consenso*, que estabelece a impossibilidade de obrigar um sujeito de direito internacional a cumprir uma norma à qual não se vinculou,[197] a *dificuldade de efetivação*, tida como consequência das anteriores, esclarece que a falta de um órgão supranacional destinado a aplicar o direito diminui a velocidade de aplicação do direito; e a *autotutela*, que é a opção restante nas situações em que há resistência no cumprimento do direito ou não vinculação a sistemas de solução pacífica de controvérsias.

Dessa forma, os sujeitos de direito internacional, em regra, devem chegar a um consenso para a criação da norma internacional,[198] global ou regional. Todavia, a inexistência de um aparato assemelhado ao estatal impede a aplicação de maneira efetiva de sanções o que, na maioria das vezes, pode acarretar a utilização de boicotes econômicos,[199] entre outras modalidades de

---

Curso de Derecho Internacional Público y Organizaciones Internacionales. 4ª Edição Madrid: Tecnos; 1993, p. 45, e PASTOR RIDRUEJO, José A. *Curso de Derecho Internacional Público y Organizaciones Internacionales.* 4ª Edição Madrid: Tecnos; 1993, p. 79. A ação americana, por sua vez, deve ser entendida como uma violação às normas de Direito Internacional Público sobre a segurança coletiva internacional.

194 Cf. na obra de PASTOR RIDRUEJO, ob.cit., p. 37, sua preocupação com a fundamentação do Direito Internacional Público.

195 São reconhecidos como sujeitos de Direito Internacional Público os Estados, as Organizações Internacionais, a Santa Sé e, nos sistemas de proteção internacional dos direitos fundamentais, principalmente, no sistema europeu, o ser humano.

196 A escolha pelo uso do termo *independentes* em vez de *soberanos* é proposital, pois este último deveria ser usado em situações em que há relações de poder, no Direito Internacional Público as relações são travadas entre iguais, que não podem ser soberanos quando comparados com os demais, daí o entendimento de que é mais propícia a utilização da palavra escolhida. Quanto a esse tema cf. MALANCZUK, ob.cit, p. 17 e para um estudo mais aprofundado sobre a soberania e o Direito Internacional Público, cf. HELLER, Hermann. *La Soberanía - Contribución a la teoría del derecho estatal y de derecho internacional.* Traducción y estudio preliminar de Mario de la Cueva. México, D. F.: Fondo de Cultura Econômica; 1995.

197 Excluem-se as normas do *jus cogens*, que é "o conjunto de normas que, no plano do direito das gentes, impõem-se objetivamente aos Estados, a exemplo das normas de ordem pública que em todo sistema de direito interno limitam a liberdade contratual das pessoas" REZEK, José Francisco. *Direito Internacional Público - Curso Elementar.* 9ª Edição São Paulo: Saraiva; 2002, p. 111.

198 Cf. sobre o tema DUPUY, René-Jean. *Le Droit International.* Paris: PUF; 1963, p. 130.

199 Sobre a influência do poder dos Estados na criação do Direito Internacional Público, vale a leitura da obra MORGENTHAU, Hans J. *Politics Among Nations - The Struggle for Power and Peace.* Revised by Kenneth W.

pressão, para que o Estado seja impelido a agir de acordo com as regras às quais se vinculou.[200]

As normas do Direito Internacional Público que regulam a imunidade de jurisdição dos Estados perante tribunais estrangeiros são fundamentalmente costumeiras,[201] existindo, porém, casos de positivação, como acontece na Convenção Europeia sobre imunidade dos Estados, conhecida como Convenção da Basileia, de 1972. Tais normas, costumeiras ou positivadas, por ser parte do DIP, carregam todas suas características, o que importa em concluir que há, por vezes, aplicação diferenciada em vários países que alteram os casos de suas limitações, além de existirem situações de violação ao direito que podem trazer um longo caminho até a reparação.

A imunidade de jurisdição dos Estados estrangeiros perante os tribunais estaduais constitui-se em uma das questões de Direito Internacional Público mais comumente discutidas nas cortes internas. Ela deve ser analisada em dois níveis, a imunidade no processo de conhecimento, que impede o julgamento de mérito de ações apresentadas contra sujeitos de Direito Internacional Público pelos órgãos do judiciário interno, normalmente denominada pelo nome do gênero, imunidade de jurisdição; e a imunidade na execução, que impõe barreiras, muitas vezes intransponíveis, à determinação, pelos juízes nacionais, de atos coercivos que visem à satisfação do direito do credor.

As normas sobre a imunidade de jurisdição são tidas como garantidoras de um dos direitos fundamentais dos Estados.[202] Mais especificamente, elas são decorrências do direito à igualdade jurídica[203] e do direito à independência,[204] identificados no adágio ***par in parem***

Thompson. Chicago: McGraw Hill; 1993.

200 O termo vinculação é mais usado para se fazer referência a normas positivadas como os tratados, usa-se, no entanto, aqui em seu sentido amplo.

201 Para um estudo aprofundado sobre o costume internacional, que é tido como a principal fonte desse ramo do direito, vale a leitura das obras: PEREIRA, Luis Cezar Ramos. *Costume internacional: Gênese do direito internacional*. 1ª Edição. Rio de Janeiro: Renovar; 2002, e SOUZA, Ielbo Marcos Lobo de. *Direito Internacional Costumeiro*. 1ª Edição Porto Alegre: Sérgio Antonio Fabris Editor, 2001.

202 Cf. ACCIOLY, Hildebrando; NASCIMENTO e Silva, Geraldo Eulálio do. *Manual de Direito Internacional Público*. 15ª Edição Casella, Paulo Borba, atualizador. São Paulo: Saraiva; 2002, p. 144; nesse sentido também MEIRA MATOS, Adherbal. *Direito Internacional Público*. 2ª Edição Rio de Janeiro: Renovar, 2002, p. 88.

203 Segundo DINH, ob. cit., p. 407, "o vínculo é tão directo e tão estreito entre as imunidades do Estado e 'a igualdade soberana' que certos autores, em especial soviéticos, julgaram que o seu fundamento não deve ser procurado no direito consuetudinário mas deve ser deduzido directamente da soberania".

204 Cf. MELLO, Celso D. Albuquerque. *Curso de Direito Internacional Público - 2 vols*. 14ª Edição Rio de Janeiro: Renovar; 2002, p. 432.

non habet judicium, segundo o qual não se pode ser julgado por um igual,[205] nascido da regra feudal ***par in parem non habet imperium,*** pela qual um senhor feudal não poderia ser responsabilizado pelos seus pares, mas apenas perante seus superiores.[206]

No Direito Internacional Público, a imunidade de soberania,[207] como é chamada, é estruturada por um conjunto de normas, tanto regras quanto princípios,[208] costumeiras ou contidas em tratados internacionais, que determina as condições necessárias para que o Estado estrangeiro não seja julgado pelos poderes públicos do Estado do foro. Dizem-se poderes públicos, pois ela envolve, além do Judiciário, tanto o Legislativo quanto o Executivo. Inicialmente, tal imunidade era absoluta.

De fato, tendo-se em mente a lógica do Direito Internacional Público, que tem como principais sujeitos os Estados, o julgamento de um deles só poderia ser feito por um tribunal internacional, clara decorrência de suas características, principalmente a descentralização. Antes disso, no entanto, outros meios pacíficos de solução de controvérsias deveriam ser tentados, como, primordialmente, o caminho diplomático.[209]

O desafio no presente livro é analisar o recorrente tema da imunidade de soberania, tanto no processo de conhecimento quanto no processo de execução, com enfoque nas relações trabalhistas. Nesse passo, impossível abordar o tema sem discorrer sobre sua evolução histórica, sua positivação através dos tratados internacionais, e, antes de se debruçar sobre a doutrina e a jurisprudência brasileiras, fazer uma apresentação dos sistemas espanhol, inglês e americano.

---

205 Além da impossibilidade de ser julgado pelos tribunais internos, a sujeição à jurisdição internacional só se dará com o consentimento do Estado, mais uma vez preza-se pela preservação das características do DIP. Para uma análise mais apurada do tema da sujeição vale a leitura de FONSECA, José Roberto Franco da. Estrutura e Funções da Corte Internacional de Justiça. *In*: BAPTISTA, Luiz Olavo; FONSECA, José Roberto Franco da coordenadores. *O Direito Internacional no Terceiro Milênio - Estudos em Homenagem ao Prof. Vicente Marotta Rangel.* São Paulo: LTr; 1998; pp. 750-762, obra em que o autor estuda todos os aspectos relevantes da chamada cláusula facultativa de jurisdição obrigatória.

206 Cf. MELLO, Celso D. Albuquerque. *Direito Constitucional Internacional.* 2ª Edição Rio de Janeiro: Renovar; 2000, p. 351.

207 Também é chamada de imunidade do Estado, vale ressaltar que as duas expressões serão usadas indistintamente.

208 A diferenciação entre regras e princípios adotada é a ensinada por Robert Alexy (ALEXY, Robert. *Teoría de los Derechos Fundamentales.* Tradução de Ernesto Garzón Valdés. Madrid: Centro de Estudios Constitucionales; 1997).

209 Cf. CUNHA, Joaquim da Silva; PEREIRA, Maria da Assunção do Vale. *Manual de Direito Internacional Público.* Coimbra: Almedina; 2000, p. 60.

Deixam-se de lado, neste livro, as imunidades concedidas aos agentes diplomáticos e consulares e às Organizações Internacionais, pela necessidade de especificação do tema do Artigo. Além disso, seguindo o entendimento de vários autores, elas não devem ser confundidas com a imunidade de soberania,[210] apesar de serem tidas, por parte da doutrina, como decorrência da primeira.[211]

2. Fatos Históricos Essenciais

As teorias sobre a imunidade dos soberanos e dos chefes de estado, segundo Mariño Menéndez,[212] formariam a raiz da imunidade de soberania. Como anteriormente dito, no entanto, as relações entre senhores feudais seriam as precursoras de tal imunidade,[213] para parcela da doutrina que busca seu nascedouro na obra de Bártolo de 1354. Pode-se, dessa forma, chegar à conclusão de que, se é verdade que elas nasceram com Bártolo, ganharam força posteriormente,[214] com sua extensão aos soberanos estrangeiros daquelas concedidas aos nacionais.

De toda forma, não há dúvida de que a sua consolidação se deu com a extensão aos soberanos estrangeiros das imunidades conferidas ao soberano do país do foro. Posteriormente, aqueles foram, paulatinamente, substituídos pelos Estados, evolução fortalecida pela adoção da regra da reciprocidade, muito comumente identificada antes do século XIX.[215]

---

210 É o expresso por Michael Akehurst na obra atualizada por Peter Malanczuk (ob.cit. p. 118) na qual ele enfatiza que analisar as questões em conjunto seria o mesmo que misturar maçãs com pêras.

211 Guido F. S. Soares (SOARES, Guido Fernando Silva. *Órgãos dos Estados nas Relações Internacionais: Formas da Diplomacia e as Imunidades*. 1ª Edição Rio de Janeiro: Editora Forense; 2001, p. 233), ao comentar a decisão do STF quanto ao caso Geny de Oliveira, ressalta mais uma vez a necessidade de não haver confusão entre as imunidades pessoais, resultantes das Convenções de Viena sobre Imunidades Diplomáticas (1961) e Consulares (1963), e as que são atribuídas aos Estados estrangeiros.

212 Cf. MENÉNDEZ, Fernando M. Mariño. *Derecho Internacional Público - Parte General*. 2ª Edição Madrid: Editorial Trotta; 1995, p. 99.

213 Nesse sentido, MELLO, Celso Albuquerque. *Direito Constitucional*, p. 350, e MAGALHÃES, José Carlos de. *O Supremo Tribunal Federal e o Direito Internacional - uma análise crítica*. Porto Alegre: Livraria do Advogado Editora; 2000, p. 127.

214 Cf. MELLO, Celso Albuquerque. *Direito Constitucional*, p. 351: "A nosso ver não há uma incompatibilidade entre as duas posições: se Bártolo deu o ponto de partida as monarquias absolutas consolidaram o princípio, apesar de grandes autores não terem mencionado esta norma como Gentili, Grotius, Bynkershoek e Vattel".

215 Cf. I. Sinclair, The law of sovereign immunity. Recent developments, *RCADI* 1980, II, vol. 167, p. 121.

É de se ressaltar que a imunidade de soberania, tida como absoluta[216], começou a se alterar, de maneira deveras tímida, somente no início do século XIX. Nessa época, os países responsáveis por essa aparente evolução, França e Reino Unido, permitiam o afastamento da imunidade, mas, enfatize-se, apenas para os casos em que estados estrangeiros figurassem no polo ativo dos processos perante o judiciário interno, retirando-se, portanto, pouca ou quase nenhuma de sua força original.

O passo seguinte, no Reino Unido, foi dado pelo afastamento da imunidade com o consentimento do Estado-réu; foi o que aconteceu nos casos *The Parlament Belge* (1880) e *Porto Alexandre* (1920).

Efetivamente, o tratamento da imunidade de jurisdição, como relativa, veio a acontecer na Bélgica onde se iniciou a discussão sobre a diferenciação entre atos públicos e atos privados do Estado, como se depreende de uma sentença de 1903. Antes dela, no entanto, em 1840, já se encontrava essa possibilidade em uma sentença belga e na doutrina italiana.[217]

Fazia-se claro que a doutrina se batia contra a imunidade absoluta,[218] e, em 1891, o Instituto de Direito Internacional, através de uma resolução, estabeleceu as situações em que não poderia ser aplicada a imunidade de jurisdição do Estado. Mantinha-se apenas o ato praticado *jure imperii* como coberto pela imunidade, afastando-se os casos em que o Estado estrangeiro agia como particular (*jure gestionis*).

A necessidade dessa diferenciação passou a ser mais evidente com o crescimento, principalmente no início do século XX, das funções do Estado que "deixou de ser apenas a entidade organizadora da comunidade nacional destinada a representá-la na ordem internacional e a exercer funções políticas próprias e características, para ser, também, promotora do desenvolvimento nacional",[219] tendo, para isso, que se envolver diretamente na economia, celebrando contratos comerciais de variadas espécies.

---

216 O judiciário britânico, em 1820, no caso *Prins Frederick*, dava mostras de que a imunidade era absoluta.

217 Sobre esse tema, cf. MENÉNDEZ, ob.cit., p. 100.

218 Como exposto por Celso A. Mello (MELLO, Celso Albuquerque. *Direito Constitucional*, p. 351), Weiss e von Bar se destacaram no combate à imunidade absoluta, tendo sido Gabba o "primeiro doutrinador a estudar de modo sistemático a questão em Artigos publicados no 'Journal du Droit International' de 1888 e 1890".

219 Cf. MAGALHÃES, ob.cit., p. 128. O mesmo autor diz que o Estado "passou a intervir na economia, estimulando e incentivando a iniciativa privada, celebrando contratos de desenvolvimento e atraindo capitais e tecnologia estrangeiros para seus propósitos de crescimento econômico".

Ressalta, José Carlos Magalhães,[220] a substituição do apelo à proteção diplomática[221] pelos sistemas privados de solução de controvérsias que tiveram grande avanço desenvolvimentista, principalmente a partir de 1950. Esse fenômeno pode ser explicado pela aplicação prática da cláusula Calvo,[222] sempre presente nos contratos entre estados e pessoas jurídicas estrangeiras, e pela necessidade do endosso do Estado que faria a substituição processual do prejudicado, pois, nesses casos, esse não pode figurar no polo ativo da demanda. Ademais, a proteção diplomática tendia a ser mais eficiente quando exercida por estados poderosos em face de estados sem poder, suficiente para suportar a pressão do adversário.

A evolução trazida pela doutrina e jurisprudência que determinava limitações à imunidade de soberania foi positivada na Convenção Europeia de Basileia, em 1972, sobre imunidade de jurisdição do Estado. Em tal diploma, os primeiros quatorze Artigos se destinam ao estabelecimento de um catálogo dos atos de gestão, nos quais a imunidade é automaticamente suspensa.

A Convenção Europeia de 1972, mesmo sendo tida como um reflexo do direito costumeiro sobre o tema aplicado na Europa, alterou profundamente o tratamento da questão no Reino Unido, que era, por tradição, menos restritiva. Em 1978, o Parlamento Britânico aprovou o *State Immunity Act,* que retirou a imunidade dos Estados em suas transações comerciais.

Também a Espanha, tradicional defensora da imunidade absoluta, alterou substancialmente o seu ordenamento jurídico. A Constituição Espanhola de 1978 permitiu uma gradual conversão à imunidade relativa. Efetivamente, todavia, a relativização da imunidade aconteceu com o Real Decreto nº 1654/1980[223] e com a Lei Orgânica do Poder Judiciário[224] que, em seu Artigo 21, nº 2, determina a existência da imunidade de jurisdição para os casos definidos pelas normas do

---

220 Cf. MAGALHÃES, ob.cit., p. 129.

221 Sobre a proteção diplomática, vale a leitura da obra DINH, ob.cit., p. 708.

222 A cláusula Calvo determina uma renúncia prévia à proteção diplomática pelo contratante.

223 O preâmbulo do dispositivo diz: "(...) la doctrina de la inmunidad absoluta de jurisdicción puede considerarse ya em su etapa final. Hoy día la mayor parte, si no la totalidad de los Estados, aceptan la teoría restringida de la inmunidad de jurisdicción (...)".

224 o Artigo 21, nº 2, traz os casos que ficam de fora da jurisdição do judiciário espanhol, determinando que "se exceptúan los supuestos de inmunidad de jurisdicción y de ejecución establecidos por las normas del Derecho Internacional Público".

DIP, o que pode ser visto como uma evolução, exatamente pelo fato de que as restrições se encontravam presentes no Direito Internacional Público, como se disse, ou nas normas costumeiras, ou na Convenção da Basileia.

Também os antigos Estados comunistas, após o esfacelamento da União Soviética, em 1991, têm aderido à imunidade relativa de jurisdição, restando a China, ainda, como uma das seguidoras da teoria absoluta.

Os Estados Unidos aplicaram a teoria absoluta até o ano de 1952, quando passaram a adotar a teoria da imunidade qualificada, ou relativa que depende do ato praticado pelo Estado-réu, depois de uma decisão do departamento de estado daquele país[225], mantendo-se a imunidade se ele for um ato de império; as regras sobre essa questão foram editadas em uma lei de 1976,[226] o *Foreign Sovereign Immunity*. Em momentos diversos, mas em períodos próximos, também o Canadá, o Paquistão e a Nova Zelândia passaram a temperar a imunidade do Estado.

Depois da Convenção Europeia de 1972, surgiram dois projetos de tratados sobre o tema, o Projeto de Convenção sobre Imunidade do Estado de Montreal, aprovado pela Associação de Direito Internacional em 1982, e, em 1992, a Comissão de Direito Internacional das Nações Unidas chegou a um consenso sobre os Artigos referentes à Imunidade de Jurisdição dos Estados e suas propriedades. Ambos os projetos seguem a teoria restritiva da imunidade do Estado.

No Brasil, o afastamento da imunidade absoluta foi demorado, pois, apesar de se poder fundamentar a relativização da imunidade de soberania já na Convenção Europeia da Basileia de 1972. A sua limitação ganhou força apenas após a Constituição de 1988, e com o julgamento, em 1990, do caso Geny de Oliveira. Com a promulgação da Constituição de 1988, o Artigo 114[227], que trouxe, para muitos

---

225 Cf. Carta do Consultor Jurídico, J. B. Tate para o Departamento de Justiça, de 19 de maio de 1952 – Dept. State Bull. 26 984 (1952).

226 Antes dessa data, em 1973, o Brasil teve a sua imunidade de jurisdição afastada por juiz americano, que, após consulta ao Departamento de Estado, entendeu-se investido de jurisdição para julgar caso em que o Brasil figurava como réu (nesse caso, particulares que foram prejudicados pelas escavações para a construção de prédio adjacente à embaixada pleiteavam indenização).

227 Art. 114. Compete à Justiça do Trabalho conciliar e julgar os dissídios individuais e coletivos entre trabalhadores e empregadores, *abrangidos os entes de direito público externo* e da administração pública direta e indireta dos Municípios, do Distrito Federal, dos Estados e da União, e, na forma da lei, outras controvérsias decorrentes da relação de trabalho, bem como os litígios que tenham origem no cumprimento de suas próprias sentenças,

doutrinadores, expressamente tal possibilidade, começou, então, a surgir julgados que aplicavam a restrição à imunidade em tela, o que aconteceu, primordialmente, no campo do direito do trabalho, fundada na redação do Artigo 114 que é expresso ao se referir à competência da Justiça do Trabalho. Tal fundamentação sofreu alterações, como será visto adiante.

3. Imunidade do Estado

Importante, nesse momento, a lembrança de que a imunidade de jurisdição do Estado é uma exceção ao exercício da soberania do Estado do foro, através de seus poderes constituídos, portanto, como exceção deve ser interpretada restritivamente[228].

Correta, dessa forma, a ideia de limitação da imunidade de jurisdição, que, como exceção que é, deve apenas ser preservada ao Estado estrangeiro quando ele realiza atos de império, excluindo-se as situações em que age como particular. No campo da execução, como prevê o Artigo 18 do projeto da Comissão de Direito Internacional, se houver necessidade de constrição patrimonial, a imunidade deve recair apenas sobre os bens especificamente destinados à utilização para fins de serviço público, novamente a aplicação da interpretação restritiva.

A imunidade, então, desdobra-se, podendo ser arguida tanto na ação de conhecimento quanto na execução.

3.1 Imunidade de Jurisdição

Consiste no impedimento de um Estado ser réu, no processo de conhecimento, perante tribunal estrangeiro. Atualmente, entende-se que ela só é aplicada aos atos de império. Resta, no entanto, uma definição precisa daqueles que podem ser considerados como atos de império e, por consequência, os cobertos pela imunidade.

---

inclusive coletivas (grifado).

228 Cf. MELLO, Celso Albuquerque. *Direito Constitucional.* p. 350.

Para Celso A. Mello[229], os atos de império são: (a) atos legislativos; (b) atos concernentes à atividade diplomática; (c) os relativos às forças armadas; (d) atos da administração interna dos estados; e (e) empréstimos públicos contraídos no estrangeiro.

Ademais, tanto o projeto da Comissão de Direito Internacional (Art. 10 a 16) quanto a Convenção Europeia de 1972 (Art. 1° a 14) trazem os casos em que a imunidade de jurisdição deve ser suspensa, ou seja, o Estado não pode invocar a imunidade de jurisdição perante tribunal estrangeiro em processo relativo a transações comerciais; contratos de trabalho; propriedade e posse de bens situados no país do foro; propriedade industrial; participações em sociedades; e exploração de navios não utilizados para fins de serviço público não comercial.

As duas classificações devem ser utilizadas em conjunto para que se possa concluir que o rol de atos de império é taxativo, enquanto que o de suspensão da imunidade é exemplificativo. Não se enquadrando o caso nos atos materialmente estatais, mesmo não elencados entre as situações de suspensão da imunidade, deve haver a restrição dessa, pois, a existência da imunidade de jurisdição, como dito, é uma exceção ao exercício da soberania e, como toda exceção, repise-se, deve ser interpretada restritivamente.

Vários são os países que construíram legislações internas próprias para cuidar do tema, o que não é o caso do Brasil que ainda se utiliza de normas internacionais para tanto, salvo, para alguns, no tocante às questões trabalhistas, já excluídas, segundo esse entendimento, expressamente na CF/88.

Logo, para o objetivo proposto no presente trabalho, a questão é de fácil solução, pelo menos no tocante à imunidade de jurisdição no campo do processo de conhecimento, pois, é expressa a possibilidade de restringir-se à imunidade para análise de lides envolvendo contratos de trabalho. O contrato, no entanto, deve, para que isso aconteça, ter sido celebrado no Estado do foro.

De fato, já em 1903, a Bélgica afastava a imunidade de jurisdição da Holanda, pois a questão envolvia relação de trabalho.[230]

---

229 Cf. MELLO, Celso Albuquerque. *Direito Constitucional.* p. 353.

230 Cf. MAGALHÃES, *op. cit.,* p. 137.

3.2 Imunidade de Execução

Ela consiste na impossibilidade de um Estado sofrer um processo de execução perante tribunal estrangeiro. Quanto à imunidade de execução, a questão pode ser, todavia, um pouco mais tortuosa. É evidente que só faz sentido se falar sobre essa imunidade se o Estado do foro adota a teoria temperada.

Realmente, sem o título executivo, conseguido no processo de conhecimento, não há que se falar em processo de execução. Logo, havendo imunidade absoluta, é desnecessário falar-se em imunidade de execução, pois, ela se torna impossível. Nesses Estados, a imunidade de jurisdição só é afastada se houver concordância daquele que será demandado, aceitando a jurisdição. Tal aceitação, porém, não se estende à execução. Daí se dizer que, nos casos de aplicação da teoria absoluta, a satisfação do direito só acontecerá com o cumprimento espontâneo da decisão de mérito pelo Estado estrangeiro, quando aceitou previamente o processo de conhecimento, impossível, mais uma vez, falar-se em execução.

Como a grande maioria dos países do mundo viu seus sistemas evoluírem para a teoria temperada, o processo de conhecimento deixou de ser obstáculo, passando a existir, no entanto, a necessidade da satisfação do direito.

A solução pode estar na própria limitação à imunidade de jurisdição. Por esse raciocínio, os bens utilizados para a realização dos atos de império estariam livres da execução, que beneficiaria "todos os bens afectos às funções de autoridade, o que engloba, além dos bens necessários à actividade dos representantes do Estado e dos seus serviços públicos no estrangeiro, as suas disponibilidades monetárias em bancos mesmo privados"[231]. Dessa forma, os bens destinados a outras finalidades, que não são as acima elencadas, não seriam cobertos pela imunidade. O mesmo acontecendo com os bens que formam o próprio objeto da demanda.

No tocante às questões trabalhistas, a constrição poderia recair sobre bens não cobertos pela imunidade[232]. No Brasil, não haveria a

---

231 Cf. DINH, *op. cit.*, p. 409.

232 Para uma relativização também na imunidade de jurisdição no processo de execução vale a análise do seguinte julgado do E. TRT da 10ª Região: 00089-2001-010-10-00-6 AP. Nele, diz-se que: "Possuindo a Reclamada,

possibilidade de se fazer a execução sobre bem imóvel, pois, de acordo com o Artigo 11, § 2°, da Lei de Introdução ao Código Civil, os Estados estrangeiros só podem aqui manter bens imóveis destinados à instalação de embaixada e de consulados. Todavia, se se estiver desativando um desses prédios, não há impedimento para que ele sirva para satisfação do direito do credor.

Entretanto, pode recair a execução sobre bens que estejam fora das finalidades do Estado, como, por exemplo, a participação acionária minoritária em pessoa jurídica no país do foro, obras de arte que ornamentam as representações diplomáticas, entre outros.

Se houvesse grande resistência do Estado em saldar a sua dívida, como opção extrema, poder-se-ia discutir o afastamento da imunidade de execução para se satisfazer o crédito com bens existentes em duplicidade, mas ressalte-se, essa saída apenas poderia ser usada em situações extremas.

Porém, a maioria da doutrina entende impossível a execução de uma sentença contra Estado estrangeiro; espera-se que o pagamento se dê de maneira espontânea.

De toda forma, no Brasil, como citado por Guido Soares,[233] desconhece-se a "sentença condenatória a Estado estrangeiro, decretada pelo Tribunal Brasileiro e que tenha suscitado a questão da imunidade de execução contra seus bens", e continua, "os casos brasileiros (...) de sentenças condenatórias que poderiam ter ensejado uma execução forçada, foram resolvidos por via diplomática ou amigavelmente".[234]

Não se pode, no entanto, afastar a possibilidade do surgimento de caso em que a composição seja impossível, por isso, a separação entre bens passíveis de execução ou não é fundamental para uma melhor prestação jurisdicional.

Pelo Artigo 20 da Convenção Europeia de 1972, o Estado parte compromete-se a executar as sentenças proferidas contra ele por tribunal estrangeiro, e, havendo recusa, deverá iniciar processo de

---

Estado estrangeiro, bens no país que não se destinam à sua representação diplomática, já que aqui não mantém Embaixada desde janeiro de 2000, é perfeitamente possível a constrição judicial sem que com isso se violem as Convenções de Viena".

233 Cf. SOARES, *op. cit.*, p. 174.

234 A posição do Ministério das Relações Exteriores, expressa em nota circular às missões diplomáticas e repartições consulares, reconhecendo que os casos deveriam ser analisados exclusivamente pela Justiça do Trabalho, após a promulgação da Constituição, veio a fortalecer o papel do Judiciário Trabalhista e implementar as composições nesse campo.

conhecimento perante a Corte Europeia de Direitos Humanos, a fim de discutir o mérito da causa. Sem dúvida é a representação de um avanço. Todavia, a realidade europeia, no tocante à estruturação de uma Corte Internacional de Direitos Fundamentais, é mais evoluída que a americana.[235]

4. Evolução das Decisões nos Casos Concretos no Brasil

Como já dito, a alteração na orientação jurisprudencial no Brasil[236], substituindo a imunidade absoluta por relativa, demorou a acontecer. Inúmeras reclamações trabalhistas contra estados estrangeiros e suas representações, apesar de julgadas procedentes em primeiro grau de jurisdição, tiveram obstaculizadas o trânsito em julgado da decisão favorável, pois, divergiam do entendimento do Supremo Tribunal Federal, que aplicava a imunidade de soberania de forma absoluta.

Somente com o julgamento da Apelação Cível 9.696-3, houve alteração do entendimento do STF. Nesse julgado relatado pelo Ministro Sydney Sanches afastou-se a imunidade absoluta do Estado estrangeiro. O voto do relator defendia a aplicação do Art. 114 da CF/88, entendendo afastada a imunidade absoluta em todas as causas trabalhistas. Todavia, o fundamento vencedor foi o trazido pelo voto do Ministro Francisco Rezek.

Tal voto tinha como fundamentos principais: 1) a distinção entre as imunidades pessoais (resultantes das duas Convenções de Viena) e aquelas destinadas ao próprio Estado estrangeiro; e 2) a alteração das normas costumeiras sobre o tema pela positivação do direito através da Convenção Europeia da Basileia de 1972, reafirmada por leis internas dos EEUU e do Reino Unido. Além disso, na

---

235 Sobre a estrutura das cortes internacionais de direitos fundamentais, cf. VEDOVATO, Luís Renato. *Os Sistemas Internacionais de Proteção dos Direitos Fundamentais – A incorporação dos Tratados de Direitos Fundamentais ao Ordenamento Jurídico Brasileiro*. Dissertação de Mestrado, apresentada em 24/06/2002, na Faculdade de Direito da Universidade de São Paulo.

236 Para uma melhor análise da questão, vale conferir os seguintes julgados do E. TRT da 10ª Região, entre eles: 01170-2001-002-10-00-9 RO; 00288-2001-002-10-00-0 RO; 01305-2001-016-10-00-9 RO; 01372-2001-008-10-00-9 RO; 01290-2000-017-10-00-4 RO; 00705-2001-012-10-00-1 RO; 01170-2001-002-10-00-9 RO; 01305-2001-016-10-00-9 RO; 00089-2001-010-10-00-6 AP.

sua fundamentação, o Ministro Rezek diz não se apoiar no Artigo 114 da CF/88, "mas no fato de não mais encontrar fundamento para estatuir sobre a imunidade absoluta como vinha garantindo o Supremo Tribunal Federal".

Com relação à confusão entre as imunidades diplomáticas e as destinadas ao Estado, ela não acontece apenas no Brasil. Em 1980, três sentenças proferidas pelo Tribunal Central do Trabalho espanhol determinavam a incompetência da corte para julgar reclamações de trabalhadores de missões diplomáticas e secretarias consulares, fundando-se na Convenção de Viena de 1961, sobre imunidades diplomáticas, e na de 1963, sobre questões consulares. Não é, portanto, exclusividade do Brasil a falta de visão clara sobre o assunto.[237]

Existe, todavia, uma divergência jurisprudencial relativamente a qual seria o melhor fundamento para o afastamento da imunidade absoluta, se o exposto pelo Ministro Sydney Sanches que se funda na aplicação simples do Artigo 114 da CF/88 ou se o do Ministro Francisco Rezek, que acabou sendo o adotado no julgamento, fundando-se no DIP e em normas estrangeiras.

José Carlos de Magalhães[238] é enfático ao dizer que o fundamento do julgado diminuiu a importância da Constituição Federal Brasileira, pois evocou normas de tratado do qual o Brasil não faz parte e normas americanas e britânicas, todas para justificarem a alteração do DIP. José Carlos Magalhães vai mais longe em suas críticas, defendendo que se trata "de matéria que se inclui dentro da jurisdição territorial do Brasil, cabendo-lhe a competência para decidir sobre a concessão ou não da imunidade".

A preocupação de José Carlos Magalhães é procedente, afinal, se o DIP tem como característica o consenso, não se pode exigir que um Estado cumpra um tratado ao qual não se vinculou. Também não se justifica a alusão a normas estrangeiras para se decidir uma questão interna, salvo nos casos de relações jurídicas com conexão internacional, o que não é o caso.

---

237 Cf. PASTOR RIDRUEJO, *op. cit.*, p. 565.

238 Cf. MAGALHÃES, *op. cit.*, p. 143: "Vê-se, desse raciocínio, que prevaleceu no plenário da Casa, que a jurisprudência brasileira mudava não porque o Brasil, como autoridade de direito internacional que é, resolvera deixar de conceder a imunidade absoluta, por razões relevantes, assim consideradas pelo país – como é o caso das reclamações trabalhistas, em que o reclamante sofria denegação de justiça, até mesmo pela impossibilidade de apresentar sua pretensão perante o país estrangeiro – mas porque outros países o fizeram antes!".

Entretanto, não parece inconciliável a aplicação do Art. 114 da CF/88 e a fundamentação dada pelo Ministro Francisco Rezek, que é defendida por Guido Fernando S. Soares[239], em comentários feitos ao julgamento do Caso Geny de Oliveira, no qual se utiliza os mesmos da Apelação 9.696-3.

De fato, o consenso é característica do DIP, mas, além dos tratados, o costume é fonte de Direito Internacional Público. Nesse passo, pode-se entender que as normas da Convenção da Basileia de 1972, apesar de pertencerem a um tratado do qual o Brasil não é parte, podem vincular o país se houver reiteração de condutas (elemento objetivo) e consciência da obrigatoriedade (elemento subjetivo).[240]

A existência do Artigo 114 da CF/88, além de definir a divisão interna de competência, traz os elementos para que se dê início à reiteração de condutas, o que também fundamenta a obrigatoriedade. Além disso, a evocação do DIP afasta o Brasil de agir unilateralmente, além de impedir eventual ação de responsabilização internacional do Estado por violação de direitos.

Assim, não se afasta a natureza internacional desse tipo de relação, respeita-se o direito internacional por indicação da Constituição, que, por sua vez, positivou a alteração do regramento sobre o tema, abrindo espaço para a aceitação, no Brasil, da teoria temperada da imunidade de jurisdição.

Atualmente, julgados se sucedem nesse sentido, com a necessidade de adequação quanto à fundamentação, mas alcançando o objetivo de entregar a prestação jurisdicional, principalmente nas questões trabalhistas que têm, como regra, casos de prejudicados impossibilitados a levar o seu clamor para tribunais estrangeiros.

Para ilustrar, vale a apresentação de ementa do Acórdão proferido pelo Superior Tribunal de Justiça sobre caso semelhante que usou a mesma fundamentação (Apelação Cível n° 2 – 89.8751-7 – apelante: Embaixada dos EEUU em Brasília; apelados: Paulo da Silva Valente e outro. Acórdão de 07/08/1990, publicado em 03/09/1990, no Diário da Justiça, Brasília):

Imunidades de Jurisdição. Reclamação Trabalhista intentada contra Estado estrangeiro. Sofrendo o princípio da imunidade absoluta

---

239 Cf. SOARES, ob.cit., p. 233: "As razões da decisão daquela egrégia Corte se basearam nos argumentos extremamente bem construídos, do relator do Recurso Extraordinário, o eminente Ministro Francisco Rezek".

240 Sobre os elementos do costume, cf. PEREIRA, ob.cit., p. 189, SOUZA, *op. cit*, p. 14 e p. 46.

de jurisdição certos temperamentos, em face da evolução do direito consuetudinário internacional, não é ela aplicável a determinados litígios decorrentes de relações rotineiras entre Estado estrangeiro e os súditos do país em que o mesmo atua, de que é exemplo a reclamação trabalhista. Precedentes do STF e do STJ. Apelo a que se nega provimento.

Conclusão

As imunidades dos Estados podem ser vistas como decorrências naturais das características do Direito Internacional Público que é descentralizado e busca constantemente o consenso. Todavia, o implemento das atividades estatais retiraram a distância que eles guardavam dos particulares de outros estados.

Dessa forma, natural o desaparecimento da imunidade absoluta de jurisdição do Estado estrangeiro, que ganhou limitações. Na verdade, a existência da imunidade absoluta era um resquício de um tempo em que não havia estruturação adequada do DIP, as regras serviam para beneficiar senhores feudais e reis.

Isso não quer dizer que se deve afastar a aplicação do adágio *par in parem non habet judicium*, ele deve ser mantido para garantir a imunidade aos atos necessários à existência das relações internacionais. Na hipótese de a relação jurídica ser regulada pelo DIP, o que se confunde com os casos de atos de império, a solução tem que ser dada no âmbito internacional.

Fora dessas situações, no entanto, a garantia da imunidade não pode persistir, pois, dessa forma, será mantida a aplicação de norma de Direito Internacional Público a casos que devem ser regulados pelo direito interno, como são as relações trabalhistas.

Fundamental, no entanto, a evolução, mesmo que costumeira, para o Brasil, das regras sobre as imunidades. Rompê-las unilateralmente, sem o acompanhamento de suas fontes, poderia representar violação ao direito internacional, o que não é desejável para os envolvidos na sociedade mundial. Apesar de se ter, muitas vezes, certeza da dificuldade de efetivação do Direito Internacional Público e, por consequência, da chance mínima de ser imposta uma sanção ao país por isso.

Afinal de contas, como se sabe, a sociedade não precisa de boas leis, mas de bons sujeitos de direito. A Constituição Federal traz em seu Artigo 4° os princípios norteadores das relações internacionais para o Brasil, visando uma melhora gradativa das relações internacionais e, por consequência, do DIP, pressupondo a participação do Brasil nessa sociedade, respeitando, assim, o Direito Internacional Público.

A solução da jurisprudência e da doutrina para uma questão de Direito Internacional Público não poderia partir de uma norma interna.

Dos Princípios do Contraditório e da Ampla Defesa no Processo de Execução, à Luz da Exceção de Pré-Executividade

Marcelo Hilkner Altieri[241]

Introdução

O processo de execução caracteriza-se por ser um processo no qual o executado se encontra em posição de razoável desvantagem processual quando comparado com o exequente, principalmente pelo fato de não encontrar tal executado, na nossa legislação, um meio de defesa que não seja realizada senão por intermédio dos embargos do devedor, que como regra não suspendem a execução e eventuais atos constritivos.

Todavia, e ao mesmo tempo em que é cristalino que, *prima facie*, o único meio legal de se opor o devedor à execução que lhe foi promovida são os embargos à execução, também cristalino é que, sendo um processo de execução eivado de qualquer nulidade ou vício insanável, totalmente incoerente seria se exigir do executado que ficasse na iminência de sofrer penhora de bens, restando-lhe apenas a faculdade de interpor embargos pagando, por vezes, injustas custas processuais, para apenas através desse meio noticiar ou alertar o Juízo da execução que o processo executivo padecia de nulidade.

Ora, se o processo de execução é infundado, resta óbvio que a ação não pode prosperar e, diante de circunstâncias como tais, é que a doutrina criou a chamada exceção de pré-executividade, instituto por meio do qual procurou-se minorar o estado de razoável desvantagem processual do executado, para que o mesmo possa se opor ao título executivo, ou mesmo à ação de execução, sem que houvesse a necessidade única de manejar embargos.

---

241 Advogado. Formado em Direito pela Pontifícia Universidade Católica de Campinas. Especialista em Direito Processual Civil e Mestre em Direito Processual. Professor de titular de Direito Civil da PUC-Campinas.

Partindo-se do princípio de que jamais poderia haver sido iniciada uma execução cujos requisitos legais não foram preenchidos, e supondo-se que ainda assim o Poder Judiciário deferiu o pedido executório inicial, nada mais inoportuno seria obrigar o executado a sofrer constrição, tendo que discutir uma nulidade, em sede de embargos, com todos os dissabores daí decorrentes.

Repita-se que também no processo de execução deve[242] o Juiz examinar os pressupostos processuais e as condições da ação (questões de ordem pública) antes de determinar a citação do devedor, se não o fez, inusitado seria agravar a situação de desvantagem do devedor, admitindo-se apenas os embargos como meio de ataque à execução nula.

Nesse sentido, vejamos o que diz a doutrina de Olavo de Oliveira Neto:

> (...) mais do que nunca, transparece o caráter de injustiça que decorre das execuções infundadas, submetendo o executado a atos de constrição, emanadas de uma atividade preponderantemente fundada no poder de imperium do Estado, para satisfazer direito que não assiste ao exequente.[243]

Dessa maneira, e considerando que o Poder Judiciário não é (e nem poderia ser) infalível na análise dos pressupostos processuais e condições da ação de execução, é que surge a oportuna proposta doutrinária da exceção de pré-executividade, para que o Juiz conheça de matérias de ordem pública impeditivas da continuidade do processo executivo, sem a incômoda situação da obrigatoriedade de propositura de embargos para defender seus interesses.

Diz a melhor doutrina que, em exceção de pré-executividade, estar-se-ia alertando o Juiz acerca da inadmissibilidade da execução por questões de ordem pública, não se podendo negar ao executado essa prerrogativa independentemente do ônus jurídico da constrição e dos embargos.

Não se pode esquecer, que uma execução infundada pode levar o suposto devedor à sua total ruína financeira, imaginando-se os embargos como única forma de atacar uma execução malfadada.

---

242 "A nulidade da execução por falta de título pode e deve ser decretada de ofício" (RT 711/183).

243 OLIVEIRA NETO, Olavo de. *A defesa do executado e dos terceiros na execução forçada.* São Paulo: RT, 1999, p. 103.

Assim, admite-se largamente, tanto na doutrina como na jurisprudência, que o suposto devedor possa se defender na própria execução por meio do instituto em análise, mesmo antes da citação e independentemente de embargos, mormente quando alegar vícios, nulidades ou quaisquer outras questões de ordem pública que conduzam à necessária extinção do processo de execução. Veremos, destarte, que o suposto devedor, através da exceção de pré-executividade, poderá alegar temas relacionados com o mérito da execução, que mesmo não sendo de ordem pública, poderão ser alertados independentemente de dilação probatória, dada à evidência da questão meritória que inviabiliza a continuidade da execução.

1. Conceito e Cabimento da Exceção de Pré-Executividade

Antes do prosseguimento deste estudo, mister que se faça um breve apanhado acerca do conceito de exceção de pré-executividade.

Na falta de uma conceituação doutrinária ampla acerca do tema em análise, podemos adotar o breve conceito de Luciana Fernandes Dall'Oglio, que define exceção de pré-executividade como sendo:

> *o instrumento jurídico através do qual o devedor ou aquele que se encontrar no polo passivo da demanda, se opõe à execução, arguindo matérias de ordem pública, ou de fato com prova pré-constituída, independentemente de garantir o juízo através da penhora ou depósito.*[244]

Entendemos como sendo a matéria de fato com prova pré--constituída, por exemplo, a prova da quitação anterior do débito ou a comprovação de que o executado não é a pessoa que se obrigou pelo pagamento do título. Na verdade, acreditamos que podemos entender a prova de quitação como matéria de direito, que pode passar a ser de ordem pública, pois, se houve pagamento, inexiste a exigibilidade da obrigação.

---

244 DALL'OGLIO. Luciana Fernandes. *Exceção de Pré-Executividade.* 1ª Edição Porto Alegre: Editora Síntese, 2000, p. 20.

Acreditamos, ainda, ser matéria a ser levantada em sede de exceção de pré-executividade, questões relativas à prescrição do título executado quando do ajuizamento da execução e, também, questões ligadas à falsidade do título executado, desde que, por óbvio, a prova da falsidade já se encontre pré-constituída.

Dessa forma, se o executado na verdade não é o devedor, se o título é inexigível (em função da prescrição do título, de seu pagamento, ou de sua falsidade material etc.), não seria coerente exigir desse executado o ônus da penhora ou dos penosos (e por vezes caros, muito caros...) embargos.

Portanto, essa é a função da exceção de pré-executividade: impedir que seja compelida a pessoa do executado a sofrer injustamente penhora de bens, e que só se abra a ele a possibilidade de que seja discutida a flagrante nulidade da execução apenas através dos penosos e desgastantes embargos do devedor.

Há outras definições doutrinárias do tema analisado, pelo que tomaremos a liberdade de, com brevidade, transcrever algumas.

Para José Reinaldo Coser,[245] "a exceção de pré-executividade é o meio possível de se buscar a extinção do processo de execução em função de vícios relativos às condições e pressupostos processuais, reclamados para a existência válida do próprio processo executivo".

Para Clito Fornaciari Júnior,

> a chamada "exceção de pré-executividade" nada mais é, portanto, do que a alegação de vícios que comprometem a execução e que deveriam ter sido constatados pelo juiz no nascedouro do processo, prescindindo de forma própria, de prazo e da segurança prévia do juízo com a realização da penhora.[246]

Em que pese a notoriedade do doutrinador acima mencionado, acreditamos que a definição dada por ele, s.m.j., não levou em consideração a possibilidade de serem arguidas em sede de exceção de pré-executividade, de questões relativas ao mérito da execução que prescindem de dilação probatória (pagamento, *v. g.*). Ora, o juiz só poderá extinguir a execução em função do pagamento prévio se o executado apresentar no processo o recibo de pagamento ou documento

---

245 COZER, José Reinaldo. *Da Exceção de Pré-Executividade e dos Títulos Executivos*. Campinas: Editora Servanda, 2003, p. 328.

246 FORNACIARI JÚNIOR, Clito. *Exceção de Pré-Executividade*, publicada no Jornal Síntese n° 38 – abril de 2000, p. 3.

equivalente. Sendo assim, o pagamento não poderia ser constatado pelo juiz no nascedouro do processo onde, *in thesi*, apenas a versão do exequente foi apresentada através do pedido inicial instruído com documentos apresentados apenas pelo suposto credor.

Conceito bastante completo nos é apresentado por Lenice Silveira Moreira, dizendo que:

> *a exceção de pré-executividade é a impugnação da execução no juízo de admissibilidade da ação executiva, por qualquer das partes, na qual se argui matérias processuais de ordem pública (requisitos, pressupostos e condições da ação executiva), bem como matérias pertinentes ao mérito, desde que, cabalmente, passíveis de comprovação mediante prova pré--constituída, em qualquer grau de jurisdição, por simples petição e procedimento próprio, que suspende o processo até julgamento definitivo, visando a desconstituição da ação executiva e a sustação dos atos de constrição do patrimônio do executado.*[247]

Em que pese a amplitude do conceito, entendemos que a doutrinadora acima restringe a oposição da exceção de pré-executividade apenas pelas partes (exequente e executado), subtraindo de terceiros a possibilidade de arguir questão de ordem pública que, diga-se de passagem, à toda sociedade interessa, pelo menos teoricamente. Também entendemos não haver procedimento próprio para arguir questões em exceção de pré-executividade, e tampouco tal incidente tem o condão objetivo de suspender o processo.

Em nossa concepção, a exceção de pré-executividade poderia ser definida simplesmente como sendo o meio através do qual, no processo de execução, qualquer interessado leva ao juízo questões de ordem pública que obstaculizem o prosseguimento da ação, ou o meio através do qual o interessado leva ao juízo questões de mérito com prova pré-constituída que também obstaculizem o prosseguimento da ação, sempre independentemente de formalidade ou prazo legal.

Entendemos que questões de ordem pública, por serem de interesse público, podem ser arguidas por qualquer pessoa, inclusive por pessoas estranhas ao processo, mas nunca estranhas aos interesses públicos. Entendemos, contudo, que questões de mérito que

---

247 MOREIRA, Lenice Silveira. *A exceção de pré-executividade e o juízo de admissibilidade na ação executiva*, RIOBJ nº 4/99, p. 96.

prescindem de dilação probatória, só podem ser levadas ao Juízo da execução pelo interessado (devedor, v. g.), pois questões de mérito só dizem respeito aos interessados. Em um e em outro caso, sempre visando a extinção da execução, vez que as questões levantadas devem obstaculizar o prosseguimento do feito. Finalmente, sempre independente de formalidade prevista em lei (segurança do juízo, pagamento de custas etc) e de prazo legal.

Falamos de ausência de formalidade legal, e não de ausência de forma, vez que a exceção em estudo sempre deverá ser dirigida através de petição ao Juízo do feito, devidamente fundamentada e instruída.

Entendemos, enfim, cabível a medida em análise em todas as hipóteses onde estão ausentes as condições da ação de execução e pressupostos processuais da via executiva.

Luciana Fernandes Dall'Oglio cita, quanto a isso, importante jurisprudência do Tribunal Regional Federal:

> *A chamada exceção de pré-executividade do título consiste na faculdade, atribuída ao executado, de submeter ao conhecimento do juiz da execução, independentemente de penhora ou de embargos, determinadas matérias próprias da ação de embargos do devedor. Admite-se tal exceção, limitada, porém, sua abrangência temática, que somente poderá dizer respeito à matéria suscetível do conhecimento de ofício ou à nulidade do título cujo reconhecimento independa do contraditório ou dilação probatória*[248]

Frisa-se que esse instrumento de defesa, que não possui previsão legal mas trata-se de mera criação doutrinária, foi concebido para proteger o executado (que pode não ser o real devedor), de situações esdrúxulas, e não para que se desprestigie a penhora e os embargos, que são patrimonial e moralmente valiosos nos casos em que a execução deve persistir.

Cabe a medida, portanto, em todos os casos quando o título executado não é exigível, pois, fora pago, quando o título é falso, quando o título está prescrito etc.

Enfim, entendemos cabível a exceção de pré-executividade nos casos aonde é flagrante a nulidade da execução, momento no qual não é moral e juridicamente exigível do executado a via única dos embargos

---

248 DALL'OGLIO, Luciana Fernandes. Op. cit., pp. 23-24.

para que a nulidade seja debatida, em instância custosa, prejudicial, desgastante e que, por regra, não suspendem eventuais atos constritivos.

De maneira bastante simplista, podemos dizer que cabível é o procedimento em estudo quando a execução padecer de vício de ordem pública, ou quando for atacado o mérito da execução com prova pré-constituída.

O título executivo, consequentemente, deve estar revestido de liquidez, certeza e exigibilidade, sob pena de haver a possibilidade da adoção da medida em estudo.

Frisamos, também, que a nulidade deve ser flagrante, pois a prova de referida nulidade deve ser pré-constituída, como já tivemos a oportunidade de salientar. Se a nulidade da execução ou do título não for manifesta e depender de dilação probatória, entendemos, então, que tal dilação probatória deve ocorrer apenas nos embargos do devedor, vez que o processo de execução (e consequentemente a exceção em estudo) não admite referida dilação da prova.

Entendemos perfeitamente possível a interposição do instituto em análise em qualquer tipo de execução (fiscal, em processo do trabalho etc), vez que, em última análise, sempre estaremos diante de execução.

Por fim, entendemos oportuno transcrever o que leciona Mário Aguiar Moura:

> A execução, sendo de natureza jurisdicional como ação que é, subordina-se à verificação da regularidade da relação jurídica processual e às condições da ação (Art. 267, IV e VI do CPC). O juiz, ao despachar a petição inicial, há de verificar essas questões processuais, exercitando o juízo de admissibilidade da execução... É razoável exigir-se que o juiz, ao aprestar-se a despachar a peça inaugural, tenha preocupação de verificar a regularidade formal do petitório, ligada aos pressupostos processuais, bem como ainda que perfunctoriamente, a ocorrência das condições da ação.[249]

E, de maneira bastante simplista, se o juiz não age como sugere Mário Aguiar Moura, é justamente nessa situação que cabe a exceção em testilha.

---

249 MOURA, Márcio Aguiar. *Embargos do Devedor – Teoria e Prática*. 4ª Edição, Rio de Janeiro: Editora Aide, 1985, pp. 68-71

A doutrina ainda discute o cabimento da exceção de pré-executividade nos casos enumerados nos Artigos 741 e 745 do C.P.C., ou seja, no que concerne às medidas que a lei reserva a discussão em sede de embargos.

Acreditamos que existem, de fato, questões que a lei reserva à discussão para os embargos do devedor, tais como questões relativas à nulidade do título, ilegitimidades das partes, incompetência do Juízo, etc.

Todavia, e sempre prestigiando o princípio da economia processual, também entendemos que se o vício é óbvio a ponto de obstaculizar o curso da execução, deixar a discussão limitada aos embargos seria extremo apego a formalismos inúteis, que só vão fazer com que as partes se onerem mais com o andamento de uma ação inútil (embargos), e vão trazer ao Poder Judiciário a discussão de questões que podem ser tranquilamente combatidas em sede de exceção de pré-executividade.

É claro que aqui não estamos defendendo o uso indiscriminado do instituto em análise. O uso irresponsável do instituto de maneira a visar pura e simplesmente obstaculizar o curso de uma justa execução deve ser sempre observado pelo magistrado sob o rigoroso prisma da litigância de má-fé.

Por fim, gostaríamos de transcrever o que consideramos elucidador julgado proferido pelo Tribunal Regional Federal da 3ª Região:

> o executado pode promover sua defesa pedindo a extinção do processo por falta de preenchimento dos requisitos legais. É uma mitigação ao princípio da concentração da defesa, que rege os embargos do devedor. Predomina na doutrina o entendimento no sentido da possibilidade da matéria de ordem pública (objeções processuais e substanciais), reconhecível, inclusive, de ofício pelo próprio magistrado, a qualquer tempo e grau de jurisdição, ser objeto de exceção de pré-executividade (na verdade, objeção de pré-executividade, segundo alguns autores que apontam a impropriedade do termo), até porque há interesse público de que a atuação jurisdicional, com o dispêndio de recursos materiais e humanos que lhe são necessários, não seja exercida por inexistência da própria ação. Por ser ilegítima a parte, não haver interesse processual e possibilidade jurídica do pedido; por inexistentes os pressupostos processuais de existência e validade da relação jurídico processual e, ainda, por se mostrar a autoridade judiciária absolutamente incompetente. Há possibilidade de serem arguidas também causas modificativas,

extintivas ou impeditivas do direito do exequente (v.g. pagamento, decadência, prescrição, remissão, anistia, etc.) desde que desnecessária qualquer dilação probatória, ou seja, desde que seja de plano, por prova documental inequívoca, comprovada a inviabilidade da execução. Isso não significa estar correta a alegação, de certa forma frequente principalmente em execuções, de que, com a promulgação da atual Constituição Federal, a obrigatoriedade da garantia do juízo para oferecimento de embargos monstrar-se-ia inconstitucional, tendo em vista a impossibilidade de privação de bens sem o devido processo legal. É certo que o devido processo legal é a possibilidade efetiva da parte em ter acesso ao poder judiciário, deduzindo pretensão e podendo se defender com a maior amplitude possível, conforme o processo descrito na lei. O que o princípio busca impedir é que de modo arbitrário, ou seja, sem qualquer respaldo legal, haja o desapossamento de bens e da liberdade da pessoa. Havendo um processo descrito na lei, este deverá ser seguido de forma a resguardar tanto os interesses do autor, como os interesses do réu, de forma igualitária, sob pena de ferimento de outro princípio constitucional, qual seja, da isonomia, que também rege a relação processual (...).[250]

Portanto, verifica-se que o julgado acima colacionado encerra, de forma bastante elucidativa, as questões que podem ser objeto da exceção de pré-executividade.

2. Os Princípios do Contraditório e da Ampla Defesa no Processo de Execução como Elementos Encerradores da Questão

Reza o Artigo 5°, inciso LV, da Constituição Federal que *"aos litigantes, em processo judicial ou administrativo, e aos acusados em geral são assegurados o contraditório e a ampla defesa, com os meios e recursos a ela inerentes".* Esse dispositivo constitucional inaugura, portanto, o princípio do contraditório e da ampla defesa, que visam assegurar o devido processo legal.

---

250 BRASIL. Tribunal Regional Federal da 3ª Região, 3ª Turma, Relator Juiz Manoel Álvarez, AI n° 51.242/SP. , DJU de 18.11.1998, p. 502.

Referido princípio constitucional garante às partes que litigam, seja em processo judicial, seja em processo administrativo, bem como aos acusados em geral, a possibilidade de se defenderem nesses processos de maneira ampla e geral, sem restrições senão aquelas previstas em lei. Podem as partes opor defesas e recursos, exceções, enfim, podem as partes dispor de todos os meios previstos em lei para se defender em processos de qualquer natureza.

Pelo princípio do contraditório, fica garantida às partes a manifestação, em processo, acerca de manifestações e alegações processuais da outra parte. Pelo princípio do contraditório é lícito às partes a manifestação acerca de documentos e provas trazidos aos autos pelo adversário, apresentação de contraprova nos casos previstos em lei etc.

São, ainda, reflexos do contraditório, por exemplo, estar o réu presente ao interrogatório, ao julgamento perante o júri, na reconstituição; acompanhar a parte a inspeção judicial, a perícia, a oitiva de testemunhas etc.

Acerca dos princípios em análise, oportuna a lição de Susy Gomes Hoffmann:

> *O direito ao contraditório significa o direito de uma parte conhecer todos os fatos e todas as provas apresentadas pela outra parte e sobre eles poder se manifestar e apresentar novas provas. Tal garantia também significa que deverá participar, ou ser intimada a participar, de todas as provas que serão produzidas no decorrer do processo, pois como poderá refutar algo que foi produzido sem a sua participação? É lógico que, de uma juntada de documento elaborado antes da propositura da ação, não há como participar, mas apenas se manifestar. Todavia, se esse documento resultar de uma perícia, por exemplo, é necessário que às partes tenha sido dada a oportunidade de participar ativamente da realização desse meio de prova.*
>
> *Como o próprio vocábulo já nos dá a ideia, o contraditório é o direito de contradizer, de apresentar argumentos que digam de forma oposta ao que foi dito por alguém, no caso uma das partes.*
>
> *A ampla defesa traz em seu conteúdo semântico que a parte tem o direito de tudo conhecer e de tudo alegar em sua defesa; obviamente que essa amplitude tem suas limitações nas possibilidades legais, mas, dentre as possibilidades legais, não pode existir exceção.[251]*

---

251 HOFFMANN, Susy Gomes. *Teoria da Prova no Direito Tributário*. Campinas: Copola Editora 1999, pp. 121-122.

Em acréscimo ao que ensina Susy Gomes Hoffmann, gostaríamos de salientar que a ampla defesa deve ter suas limitações nas possibilidades, e também nos prazos legais.

Luiz Alberto David Araujo e Vidal Serrano Nunes Júnior falam dos princípios em análise como desdobramentos do devido processo legal, vejamos:

> *O princípio do devido processo legal foi expressamente abrigado pelo inciso LIII do Art. 5° da Constituição da República. Nesse sentido, deve-se observar que o inciso seguinte, o LV, dispôs sobre as garantias processuais da ampla defesa e do contraditório. Estas, na verdade, constituem desdobramento do princípio do devido processo legal, razão pela qual integrarão a presente abordagem.[252]*

Com a propriedade que lhe é peculiar, Alexandre de Morais nos monstra um claro paralelo entre os princípios em estudo:

> *Por ampla defesa, entende-se o asseguramento que é dado ao réu de condições que lhe possibilitem trazer para o processo todos os elementos tendentes a esclarecer a verdade ou mesmo de omitir-se ou calar-se, se entender necessário, enquanto que o contraditório é a própria exteriorização da ampla defesa, impondo a condução dialética do processo (par condictio), pois a todo ato produzido pela acusação, caberá igual direito da defesa de opor-se ou de dar-lhe a versão que melhor lhe apresente, ou, ainda, de fornecer uma interpretação jurídica diversa daquela feita pelo autor.[253]*

Ambos os princípios em estudo estão fortemente interligados, tanto que Celso Ribeiro Bastos[254] nos conta que *"a defesa ganha um caráter necessariamente contraditório".* José Afonso da Silva[255], citando magistério de Liebman, compara o direito de defesa e de ação *"como atributo imediato da personalidade"*, motivo pelo que fazem parte da *"categoria dos denominados direitos cívicos".*

---

252 ARAUJO, Luiz Alberto David, e NUNES JÚNIOR, Vidal Serrano. *Curso de Direito Constitucional.* São Paulo: Saraiva, 1999, p. 122.

253 MORAES, Alexandre de. *Direito Constitucional.* 9º Edição, São Paulo: Editora Atlas, 2001, p. 118.

254 BASTOS, Celso Ribeiro. *Curso de Direito Constitucional.* 18ª Edição, São Paulo: Saraiva, 1997, p. 226.

255 SILVA, José Afonso da. *Curso de Direito Constitucional Positivo.* 19ª Edição, São Paulo: Malheiros, 2001, p. 434.

Analisado o conceito do princípio do contraditório e da ampla defesa, mister se faz, a partir de agora, analisá-los sobre o prisma do processo de execução.

A maciça doutrina processual e constitucional nos diz que, no processo de execução, o contraditório é limitado, e cinge-se em proporcionar ao executado o direito de acompanhar o processo, dado o fato de que o direito do exequente é líquido e certo, não sendo possível haver discussões acerca dessa liquidez e certeza.

Cândido Rangel Dinamarco[256] nos diz que *"No processo de execução, que não comporta discussões nem julgamento sobre a existência do crédito, mas os comporta com referência a outras questões – o contraditório que se estabelece endereça-se somente aos julgamentos que nesse processo podem ter lugar".*

E o mesmo doutrinador, exemplificando quais os "julgamentos" cabíveis na execução, tanto em favor do credor como do devedor, prossegue dizendo:

> *O devedor tem, por exemplo, oportunidade para escolher o bem que prefere para sofrer penhora (nomeação à penhora: Art. 655), para pedir redução desta ou substituição do bem penhorado por outro (Art. 685, inc. I), para remir a execução, pagando (Art. 651) etc. O credor pedirá o reforço da penhora (Art. 685, inc. II), a adjudicação do bem penhorado (Art. 671) etc. A ambas as partes é lícito pedir nova avaliação do bem (Art. 683) ou a sua alienação antecipada (Art. 670) etc. Aquele que pede ampara seu pedido com os fundamentos que tiver (alegações) e trará a prova do que alegar. Isso é contraditório, integrado pelo trinômio pedir-alegar-provar e apoiado pelo sistema de informações consistente na citação e intimações.[257]*

Como se verifica, Cândigo Rangel Dinamarco, em última análise, admite o contraditório em execução, apenas nos limites do acompanhamento do curso do processo, podendo exercer o executado apenas atos que condizem com o mero andamento da marcha processual.

José Ysnaldo Alves Paulo nos fala de um contraditório concentrado na execução, lecionando o seguinte:

---

256 DINAMARCO, Cândido Rangel. *Instituições de Direito Processual Civil*. 3ª Edição, vol I, São Paulo: Malheiros Editores, 2003, p. 218.

257 Ibid., p. 219.

*O processo de execução é de índole não contraditória na pleni-
tude do instituto. Ele já conduz certeza jurídica (absoluta ou relativa) e se desenvolve em prol da satisfação do credor. A permitida participação do devedor no bojo da execução concebe-se
no sentido do atingimento daquele escopo, para verificação dos
atos a fim de que lhe sejam menos prejudiciais, dentro daquele
princípio de que deve o credor escolher o meio menos gravoso e
de que a execução não deve levar o devedor à penúria, ou seja,
deve realizar-se a execução de forma que não ocasione uma
situação incompatível com a dignidade humana.[258]*

Pois bem. É certo que, como regra geral, o contraditório no processo executivo é concentrado, como nos leciona José Ynsaldo Alves Paulo, ou só se verifica naquelas condições que nos relata Cândido Rangel Dinamarco. Eles estão perfeitamente corretos quando afirmam que o direito posto na execução é líquido e certo e não comporta maiores discussões.

Todavia, se essa é a regra, e se em direito a toda regra corres-ponde pelo menos uma exceção, assim também o é quando falamos da exceção de pré-executividade.

A exceção de pré-executividade também constitui um inci-dente excepcional no processo de execução. Portanto, se o contradi-tório limitado é a regra na execução sem o incidente excepcional que estudamos, a execução que comporta a exceção de pré-executividade, excepcionalmente, comporta o contraditório e a ampla defesa plena.

Portanto, nos casos onde é cabível a exceção de pré-executi-vidade (casos em que a execução possui vício de ordem pública ou prova pré-constituída de sua improcedência), o contraditório e a ampla defesa são absolutos no processo executório, não se admitindo tão somente a dilação probatória (prova testemunhal ou pericial, *v.g.*), posto que a produção probatória deva ser apenas documental ou a discussão restringir-se-á às questões de direito.

Não fosse assim, estar-se-ia negando o próprio instituto do contraditório e da ampla defesa. Ora, se existe nulidade na execução que mereça ser alegada ou questão de mérito que conduza à impro-cedência do pedido, a defesa desses interesses não pode encontrar limites, senão os da própria natureza processual.

---

258 PAULO, José Ynsaldo Alves. *Pré-Executividade Contagiante no Processo Civil Brasileiro*. Rio de Janeiro: Forense, 2000, p. 58.

Portanto, quando o que se discute é a procedência *latu sensu* ou não da execução, em sede de exceção de pré-executividade, o contraditório e a ampla defesa não encontram as limitações apresentadas pela doutrina.

Podemos ir ainda mais fundo, preconizando que a negação do contraditório e da ampla defesa em casos como o analisado, seria também uma verdadeira negação ao princípio constitucional da igualdade. Ora, se a todos é assegurado o contraditório e a ampla defesa nos processos em geral, negar a defesa ampla e o contraditório para o executado que tem em seu favor uma questão que pode ser combatida em exceção de pré-executividade seria verdadeira negação da isonomia, isonomia essa consagrada exaustivamente na nossa Constituição Federal, desde o seu preâmbulo.

Sobre isso, gostaríamos de encerrar o presente tema colacionando breve lição de Celso Antônio Bandeira de Mello:

> *Rezam as constituições – e a brasileira estabelece no Art. 5º., caput – que todos são iguais perante a lei. Entende-se, em concorde unaniminade, que o alcance do princípio não se restringe a nivelar os cidadãos diante da norma legal posta, mas que a própria lei não pode ser editada em desconformidade com a isonomia.[259]*

3. Comentários sobre a Efetividade do Processo

O processo hoje, sem sombra de dúvidas, agoniza. A busca pela prestação de serviços jurisdicionais vem aumentando dia a dia, seja em função do crescente aumento da criminalidade, da inadimplência, das rescisões contratuais, dos casamentos infelizes, da inobservância da legislação trabalhista, do não cumprimento das obrigações tributárias, da ingerência do estado na vida dos cidadãos, seja em função simplesmente do crescimento populacional, crescimento esse que nem de longe é acompanhado pelo crescimento da máquina do Poder Judiciário.

Enfim, o processo hoje, sem sombra de dúvidas, não vem alcançando, pelo menos com a eficiência esperada, o fim a que se destina.

---

259 BANDEIRA DE MELLO, Celso Antônio. *Conteúdo Jurídico do Princípio da Igualdade*. 3ª Edição, São Paulo: Malheiros, 2002, p. 09.

O jurisdicionado pode ser visto, por vezes, como um excluído, como um cidadão com deveres, mas por vezes (e na prática) sem direitos.

Essa constatação nos remete à reflexão de Regis de Morais que, citando Jeanine Nicolazzi Philipoi, assim nos fala do cidadão excluído:

> Ainda encontramos relevante constatação no Artigo intitulado "Direito e Psicanáse - reflexões sobre os impasses do fenômeno jurídico nesse final de século", de Jeanine Nicolazzi (Grifos, 1998: pp. 145-160). Trata-se da constatação de que os socialmente excluídos pela autora, denominados "subcidadãos", de um lado são excluídos mesmo - no sentido de perderem qualquer acesso aos privilégios e direitos de cidadania, mas de outro lado não o são, pois, seguem obrigatoriamente tendo deveres e sendo sujeitos às leis do Estado que participou, ativa ou passivamente, da sua exclusão. Os ilícitos que os excluídos cometerem continuam sob possibilidade de punição imposta pela sociedade que lhe virou as costas.[260]

Por conta dessa agonia, hoje em dia se fala constantemente em efetividade do processo, que representa a ideia de que este deve ser um instrumento útil e eficiente para a busca do fim a que ele se destina.

Ricardo Rodrigues Gama assim nos fala da efetividade do processo: "A efetividade do processo, terminologia utilizada para dar a ideia de que o processo deve mostrar-se como instrumento apto para resolver o litígio, é tema obrigatório no estudo do Direito Processual".

Como um movimento contrário à espera passiva do lapso temporal que medeia o pedido e a entrega da prestação jurisdicional, os defensores da efetividade do processo encontraram um terreno propício para fazer brotar ideias inovadoras, as quais logo foram e continuam sendo colocadas em prática.[261]

Ainda sobre a problemática envolvendo a efetividade do processo, marcantes são as consideração de Carlos Alberto Alvaro de Oliveira:

> A efetividade não tem só assento no sadio intento de tornar mais apressado, mais rápido e mais eficaz o instrumento processual. O movimento nessa direção também se agiganta - e parece ser essa uma causa nada desprezível - em razão das notórias deficiências da administração da justiça brasileira, agoniada cada vez mais pela intensificação dos litígios, após o

---

260 MORAIS, Regis de. *Sociologia Jurídica Contemporânea*. Campinas: Edicamp, 2002, p. 125.

261 GAMA, Ricardo Rodrigues. *Efetividade do Processo Civil*. Campinas: Bookseller, 2002, pp. 19-20.

processo de redemocratização iniciado com a promulgação da Constituição de 1988.

Dentro desse quadro atuam como reagentes a permanência do entulho legislativo autoritário, as dificuldades de ordem econômica, política e social por que atravessa a Nação, os anseios de grande parcela da população, a recorrer em desespero ao Judiciário para solução de conflitos agudos, que normalmente deveriam ser resolvidos pelos demais órgãos do Estado, as contradições cada vez maiores entre a velha ordem e as ideias neoliberais, intensificadas pelo fenômeno da globalização, pregando a redução do aparelho estatal, mesmo a preço de afrontas ao direito adquirido de grandes parcelas da população brasileira. Certamente, tudo isso colabora para o descrédito da Jurisdição e acarreta a demora excessiva do processo, fazendo com que se forme um caldo de cultura propício à quebra do contraditório, estimulando as liminares conservativas ou antecipatórias, correndo o risco de que a tutela de urgência passe a ser a Justiça tout court" (grifamos).[262]

Pois bem. A efetividade do processo é algo com o qual deve o operador do direito se preocupar, pois a Justiça caótica, inoperante e demorada é a verdadeira negação da Justiça.

Todavia, quando se fala em efetividade do processo, tal efetividade é vista quase que invariavelmente sob a ótica daquele que buscou o provimento jurisdicional por intermédio de seu pedido inicial.

Dúvidas não restam que os autores dos mais variados tipos de processo devem ter seus interesses resistidos, eficaz e rapidamente resolvidos pelo Poder Judiciário, através do reconhecimento ou rejeição do pedido do demandante.

Todavia, por muitas das vezes, a efetividade do processo também é de sumo interesse daquele contra quem é movida uma ação.

Se o autor do processo possui interesse em ver a procedência de seu pedido, o réu de um feito também possui interesse em ver a improcedência do pedido do autor, mormente quando absolutamente improcedente o pleito, de maneira breve e efetiva.

Muito se fala em efetividade do processo, de maneira a se esquecer de que dentro da efetividade do processo existe uma leitura de efetividade sob o foco da defesa!

---

262 ALVARO DE OLIVEIRA, Carlos Alberto. *Garantia do Contraditório*, in *Garantias Constitucionais do Processo*. São Paulo: R.T., pp. 145-146.

A defesa, quando demonstra cabalmente a improcedência de um pedido, também deve ser apreciada e acolhida com efetividade, pois bem se sabe os prejuízos que o trâmite de um processo infundado pode causar ao demandado.

Lembramos com profundo pesar de um caso por nós vivido, enquanto advogados, onde a ineficiência de um órgão do Poder Judiciário causou a absoluta ruína de um de nossos clientes. Certa vez, um cliente nos procurou narrando com muita ansiedade que todos os maquinários, mobiliários, computadores etc., de sua pequena empresa produtora de embalagens plásticas haviam sido objeto de reintegração de posse, cujo mandado havia sido expedido liminarmente numa ação possessória. Inclusive a chamada "máquina geradora de força" da pequena empresa havia sido reintegrada, tal como mercadorias de clientes que estavam prontas para a entrega. Foram, acredite-se, reintegrados bens de terceiros que estavam no interior do pequeno estabelecimento.

Indo ao Fórum para compulsar os autos, vimos que a petição inicial daquele feito continha uma impropriedade. Ao invés de especificar quais seriam os bens objeto da reintegração de posse, o autor descreveu o objeto da ação como sendo "vários bens que guarneciam a empresa". Ora, o pedido deve ser certo (Art. 286 do C.P. C.[263]) e, sendo assim, como poderia o juiz deferir a reintegração de "vários bens" sem saber quais eram esses bens? Nesse caso específico, os "vários bens" se transformaram em "todos os bens do demandado e de terceiros".

Em petição, isso foi demonstrado ao juiz, que cuidou em demorar para determinar a "cassação" do inusitado mandado de reintegração de posse. Quando o contramandado foi cumprido, "todos" os bens injustamente reintegrados tinham sido supostamente objeto de furto, segundo palavras do depositário dos bens.

Na verdade, os únicos bens que mereciam ser reintegrados constataram-se, foram algumas matérias primas consistentes em plásticos para a elaboração dos chamados "saquinhos de supermercado".

Em função disso, a empresa demandada foi à absoluta derrocada financeira, derrocada essa que só poderá ser sanada, quem sabe, através de ação indenizatória a ser movida contra o estado, que deferiu liminar flagrantemente improcedente, e que deu cabo à prosperidade

---

263 BRASIL. *Código de Processo Civil*, 33ª Edição, São Paulo: Saraiva, 2003.

dessa pessoa jurídica. Tivesse o Juízo observado os óbvios argumentos de defesa, e com a rapidez esperada, talvez tivesse emitido o contramandado em tempo de os bens serem restituídos.

Então, como se verifica, se efetivo tem que ser o processo, a efetividade tem que ser observada tanto sobre o prisma do demandante como do demandado.

Em processos de execução onde a "improcedência" do feito é óbvia, também a extinção do feito deve ser efetiva, de maneira que, em certos casos, a exigência dos embargos do devedor para que seja discutido o óbvio é a verdadeira negação da efetividade do processo.

E é justamente nesse sentido que deve ser vista a exceção de pré-executividade, como meio de também tornar efetivo o processo de execução, quando a extinção do mesmo, de maneira inequívoca, deve ocorrer.

Como ensina Miguel Reale,[264] *"o interesse do Estado em fazer justiça opera-se, concretamente, através do interesse das partes na demanda".* Sendo assim, se verifica claramente que o interesse na efetividade do processo trata-se de uma questão de Estado.

Goffredo Telles Junior[265] já dizia que *"a filosofia ensina que o universo é A DIVERSIDADE DAS COISAS HARMINIOSAMENTE ORDENADAS, DENTRO DA UNIDADE DO TODO".* E, sem dúvidas, assim também deve ocorrer no processo. A harmonia entre o justo e a paz social passa, obrigatoriamente, pela efetividade do processo.

---

264 REALE, Miguel. *Lições Preliminares de Direito.* São Paulo: Saraiva, 1993, p. 342.

265 TELLES JUNIOR, Goffredo. *Iniciação na Ciência do Direito.* São Paulo: Saraiva, 2001, p. 06.

ᚗᚘ Conclusão ᚙᚚ

Diante de tudo o que foi estudado, acreditamos que, em certos casos, não pode o direito processual viver à mercê do mito dos embargos do devedor. Tais embargos são, sem sombra de dúvidas, o procedimento adequado quando o interessado precisa atacar a execução, mediante a produção de provas mais dilatadas.

Todavia, em casos onde é cabível a exceção de pré-executividade, medida que reclama a atenção do legislador para alçá-la ao patamar de medida legal, ela deve ser observada e aceita, não devendo o juiz ficar apegado a formalidades injustificáveis, acreditando no mito dos embargos do devedor, e no seguimento de evitável penhora.

A defesa do executado, em casos onde a execução é infundada, merece ser tão efetiva quanto a tutela jurisdicional pleiteada pelos demandantes no processo em geral. Iríamos inclusive mais longe, afirmando que a efetividade na procedência da exceção de pré-executividade merece ser tão pronta e célere quando comparada com as tutelas de urgência, com as medidas correspondentes às tutelas antecipatórias e com as liminares em geral. Bem sabemos que uma execução injusta pode levar o executado à ruína, não só pela crença indubitável ainda existente de que os embargos do devedor são o único meio de atacar a execução, ainda que essa seja flagrantemente improcedente, mas também pelo fato de que, aquele que tem uma execução movida contra si, encontra sérios problemas para vender seus bens, para conseguir créditos, movimento de numerário, etc.

A defesa precisa ser efetiva, essa também é a tônica da efetividade do processo. Todavia, a defesa efetiva em sede de exceção de pré--executividade necessita não encontrar obstáculos no chamado "contra-ditório limitado" que é preconizado quando se fala em execução. Sem dúvida, a defesa do executado, como regra geral, é compacta na medida em que o título embasador do feito é líquido, certo e exigível. Entretanto, se ausentes os requisitos da certeza, liquidez e exigibilidade, ou se a ação executiva por alguns dos motivos expostos neste livro não mereça prosseguir, dúvidas não restam que o contraditório e a ampla defesa do executado que maneja a exceção de pré-executividade mereça ser ampla, encontrando apenas os limites traçados na própria lei.

Mortes no Trânsito e Dolo Eventual

Silvio Artur Dias da Silva[266]

~~~ Introdução ~~~

Durante algum tempo, houve tentativas de classificar como dolosas – com dolo eventual – as mortes (bem assim as lesões corporais) ocorridas em acidentes no trânsito, quando: a) o motorista causador do evento está embriagado ou b) está dirigindo em velocidade excessiva (ou ambas as hipóteses). A velocidade excessiva por vezes verificava-se em disputas automobilísticas, vulgarmente chamadas de "racha", não se descartando que o condutor esteja embriagado nessa oportunidade. Em geral, a denúncia era oferecida pela prática do crime de homicídio (ou de lesões corporais) com dolo eventual, mas também em geral no momento da sentença de pronúncia o fato era desclassificado para a forma culposa. Se a modificação não se desse no momento da pronúncia (em que se operava a desclassificação – Artigo 419 do Código de Processo Penal), ela ocorria no julgamento do recurso no sentido estrito. Raras vezes a desclassificação era operada pelos jurados, em plenário, o que acontecia quando não havia a interposição do recurso ou este era julgado improcedente.

Nos tempos presentes, o Supremo Tribunal Federal tem classificado as mortes em "rachas" automobilísticos como fatos dolosos – com dolo eventual.

Aqui serão abordadas as mortes ocasionadas em "rachas automobilísticos":

---

266 Procurador do Estado aposentado. Advogado. Professor (Direito Penal) na Faculdade de Direito da PUC-Campinas.

1. Homicídio

Derivada de *hominis excidium* ou *hominis occidium*, o fato de tirar a vida de outrem é punido desde sempre. Uma definição antiga do delito de homicídio cunhada por Francesco Carrara diz que é *la muerte de um hombre cometida injustamente por outro hombre.*[267] Embora exista no conceito referência à "injustiça" da ação (e do resultado, por consequência), ela é silente a respeito da vontade de tirar a vida de alguém no homicídio. O sumo mestre de Pisa, todavia, abordava em seu "Programa" o conceito de dolo, bem assim o de culpa.

Como maciçamente entende a doutrina, o homicídio é um crime material, instantâneo de efeitos permanentes, unissubjetivo, plurissubsistente, e, o que importa agora, de forma livre[268]. Isso significa dizer que pode ser cometido por qualquer forma que a imaginação do sujeito ativo eleger, desde que, evidentemente, seja eficaz[269]. Sendo um crime que pode ser cometido por qualquer forma, o veículo automotor poderá ser utilizado na sua prática.

O homicídio está definido no Código Penal no Artigo 121, "caput", com uma das mais simples expressões do tipo legal, o verbo e o seu objeto: "matar alguém". A pena cominada é a de reclusão, de 6 a 20 anos. Trata-se de homicídio simples. Há, ainda, a figura do homicídio privilegiado, definida no parágrafo 1º desse Artigo: "se". Há, também, as figuras do homicídio qualificado, nos vários incisos do parágrafo 2º; como exemplo, o qualificado pelos motivos, que podem ser o fútil e o torpe. No "caput", bem como nos parágrafos, o homicídio é doloso. Depois há a figura do homicídio culposo, em que há, como é cediço, expressa referência à culpa; nota-se, desde logo, a fundamental diferença entre a pena cominada ao doloso e o culposo, seja pela espécie de pena – reclusão, para o doloso, detenção para o culposo[270], seja pela quantidade de pena.

---

267 *Programa de Derecho Criminal*, Parte especial, vol. I, tradução de José J. Ortega Torres e Jorge Guerrero, Temis, Bogotá, 1957, nº 1.087, p. 45.

268 O antônimo dessa classificação é o de forma vinculada, ou seja, o tipo penal que vincula a realização do fato a uma forma de conduta. Como exemplo há o crime de perigo de contágio de moléstia venérea, Artigo 130 do Código Penal: "expor alguém, por meio de relações sexuais ou qualquer ato libidinoso, a contágio de moléstia venérea, de que sabe ou deve saber que está contaminado".

269 Se não for eficaz o meio, poderá ocorrer crime impossível, pela ineficácia absoluta do meio, Artigo 17 do Código Penal.

270 Quando o código foi decretado (Decreto-Lei nº 2.848, de 28 dezembro de 1940, com entrada em vigor a 1º de janeiro de 1942), havia diferença de cumprimento entre a reclusão e a detenção: aquela era cumprida com rigor

No ano de 1995 foi sancionada a lei que criou os Juizados Especiais Cíveis e Criminais (Lei n° 9.099) e classificou como infrações penais de menor potencial ofensivo os crimes e contravenções "a que a lei comine pena máxima não superior a um ano"[271], permitindo para esse tipo de infração penal a "aplicação imediata de pena restritiva de direitos ou multa" – Artigo 76, chamada de transação penal. Entendendo-se as lesões corporais ocorridas em acidentes no trânsito como culposas, elas eram abrangidas por essa lei, permitindo-se a transação. Essa mesma lei instituiu a suspensão processual (uma expressão do "probation", ou "sursis" anglo-norte-americano), cabível nos casos em que a pena mínima cominada fosse igual ou inferior a 1 ano: satisfeitos os requisitos legais, o processo ficaria suspenso por um período de 2 a 4 anos (Artigo 89). Entendendo-se o homicídio ocorrido no trânsito como culposo, cabia a suspensão processual. Essa modificação foi vista como um abrandamento do rigor punitivo: não seria sequer processado o sujeito ativo de um crime "de trânsito".

Desde o ano de 1997 há no Brasil um Código (Brasileiro) de Trânsito (Lei n° 9.503, de 23 de setembro), em que se estabeleceu a punição às mortes e lesões corporais ocorridas especificamente no trânsito, retirando-as, portanto, pelo princípio da especialidade, do alcance Código Penal. Essa lei foi fruto de um entendimento de que as penas cominadas ao homicídio culposo e à lesão corporal culposa no Código Penal eram muito brandas: para o homicídio culposo, de 1 a 3 anos de detenção; para a lesão corporal culposa, de 2 meses a 1 ano de detenção, alcançados, como se viu, pela lei dos juizados especiais criminais. O homicídio culposo e a lesão corporal culposa, ocorridos na direção de veículo automotor, passaram a ser resolvidos pela nova lei, com penas sensivelmente maiores: ao homicídio culposo foi cominada a pena de detenção, de 2 a 4 anos – não mais podendo ser concedida a suspensão processual; para a lesão corporal, de 6 meses a 2 anos de detenção – não cabendo mais a transação penal e sim somente a suspensão processual.

O homicídio doloso continuou a ser alcançado pelo contido no Código Penal. Não se exclui a possibilidade de que um homicídio doloso (simples, privilegiado ou qualificado) possa ser cometido utilizando-se

---

carcerário e em etapas; ao passo que esta não seguia esse rigorismo.

271 Pela Lei n° 11.313, de 28 de junho de 2006, foi esse preceito modificado, aumentando para 2 anos o máximo de pena cominada.

um veículo automotor como instrumento, pois, como já se viu, é crime de forma livre.

2. Dolo e Culpa

Classificados antigamente – e ainda hoje assim apontados por alguns autores[272] – como "elementos subjetivos do crime", dolo e culpa, juntamente com a culpabilidade, de que faziam parte, foram os conceitos que mais sofreram modificações ao longo do tempo. Eram vistos como a própria culpabilidade, entendida como "o nexo subjetivo que liga o delito ao seu autor. Reveste, no Direito Brasileiro, as formas de dolo e culpa",[273] segundo Basileu Garcia; de puro conteúdo psicológico. Era a época da concepção psicológica da culpabilidade, passaram depois a ser vistos como componentes da culpabilidade, ao lado da imputabilidade e da exigibilidade de outra conduta, conforme disserta Aníbal Bruno,[274] num momento denominado "concepção psicológico-normativa da culpabilidade". Depois, a partir do pensamento de Hans Welzel, passou-se a conceituar a culpabilidade como "juízo de reprovação", rotulando-a de concepção normativa (ou normativa pura) da culpabilidade. Esse pensamento é o predominante na atualidade.

Teria-na finalista da ação, no rearranjo que fez na estrutura do crime, deslocou o dolo e culpa da culpabilidade para a conduta (ação ou omissão), e dela ao tipo, restando à culpabilidade a imputabilidade, a consciência (potencial ou real) da ilicitude e a exigibilidade de outra conduta, convertendo a culpabilidade num juízo de valor, ou de reprovabilidade; conforme Julio Fabbrini Mirabete, "a culpabilidade é reprovabilidade da conduta

---

272 Assim, por exemplo, Julio Fabbrini Mirabete (*Manual de Direito Penal*, vol. II, 26ª Edição, Atlas, São Paulo, 2010, p. 150): ao analisar o crime (no caso, ameaça) fala em "tipo subjetivo", dizendo que "é doloso". Também assim faz Damásio E. de Jesus (*Direito Penal*, Parte Especial, 2º vol., 31ª Edição, Saraiva, São Paulo, 2010, p. 200): ao comentar o crime de rixa, fala em "elemento subjetivo do tipo", dizendo ser "o dolo de perigo".

273 *Instituições de Direito Penal*, vol. I, tomo I, 7ª Edição revista e atualizada, Saraiva, São Paulo, 2008, p. 349.

274 *Direito Penal*, Parte Geral, tomo 2º, Forense, Rio, 3ª Edição, p. 31: "culpabilidade é a reprovabilidade que pesa sobre o autor de um fato punível, praticado em condições de imputabilidade, dolosa ou culposamente, tendo ou podendo ter o agente a consciência de que viola um dever e em circunstâncias que não excluem a exigência de que se abstenha dessa violação".

típica e antijurídica".[275] Este também é o pensamento de Cezar Roberto Bitencourt[276].

Existem três teorias[277] que procuram explicar o dolo: da vontade, da representação e do assentimento. Francesco Carrara dizia que o dolo é *la intención más o menos perfecta de ejecutar un acto que se sabe que es contrario a la ley*[278]. Embora se refira à intenção, há referência também ao conhecimento, consubstanciado pelo verbo saber, porém deixando clara a ideia da vontade. Para a segunda teoria, dolo é a representação do resultado (não se pode desprezar o fato de que não basta apenas a representação da produção do resultado: é necessário que se tenha vontade de praticar a conduta que o produzirá): para esta, segundo André Estefam, "haverá dolo quando o sujeito realizar sua ação ou omissão prevendo o resultado como certo ou provável".[279] Para a terceira, dolo é a aceitação da produção do resultado – aqui também é necessário que exista vontade de praticar a ação da qual resultará o fato que se pretende delituoso. Embora o agente quando inicia a ação não tenha a vontade de produzir o resultado, em determinado momento ele aparece como provável consequência de sua conduta; segundo Damásio de Jesus, a teoria do consentimento (ou assentimento) "requer a previsão ou representação do resultado como certo, provável ou possível, não exigindo que o sujeito queira produzi-lo".[280] Eugenio Raúl Zaffaroni e José Henrique Pierangeli[281] dão o seguinte exemplo: "certos mendigos russos amputavam os braços ou pernas de crianças para depois usá-las como chamarizes da compaixão dos transeuntes. Por certo que de vez em quando alguma criança morria em consequência das amputações, e os mendigos sabiam de tal possibilidade e a aceitavam, o que significa que incorporavam ao seu querer a criança amputada, a probabilidade da criança morta, ainda que não desejassem e nem tivessem aceito o resultado como fim ou consequência necessária, porque a criança morta não servia a seus propósitos (Löfler)".

---

275 *Manual de Direito Penal*, I, Parte Geral, 25ª Edição (revista e atualizada), Atlas, São Paulo, 2009, p. 182.

276 *Tratado de Direito Penal*, Parte Geral, 1, 14ª Edição, Saraiva, São Paulo, 2009, p. 373

277 Assim, por exemplo, Damásio E. de Jesus, *Direito Penal*, Parte Geral, 1, 31ª Edição, Saraiva, São Paulo, p. 327.

278 *Programa* citado, Parte Geral, vol. I, nº 69, p. 73.

279 *Direito Penal*, Parte Geral vol. 1, 31ª Edição , Saraiva, São Paulo, 2010, p. 197.

280 *Direito Penal*, Parte Geral, 1, 31ª Edição, Saraiva, 2010, São Paulo, p. 327.

281 *Manual de Direito Penal brasileiro*, vol. 1, 6ª Edição, 2006, RT, São Paulo, p. 428.

O dolo, por outro lado, é dividido em direto e indireto; este subdivide-se em alternativo e eventual.[282] Há dolo direto quando o sujeito ativo persegue, com sua conduta, a produção do resultado. No alternativo, ela pratica a conduta prevendo que ela poderá produzir dois resultados (matar ou ferir, por exemplo), querendo um ou outro resultado. Finalmente, há dolo eventual, quando o sujeito ativo está agindo sem perseguir o resultado, mas este surge como provável (ou mesmo possível) e o sujeito ativo prossegue na conduta, aceitando que o resultado se produza. O exemplo de Damásio de Jesus é bem esclarecedor:[283] "o agente pretende atirar na vítima, que se encontra conversando com outra pessoa. Percebe que, atirando na vítima, pode também atingir a outra pessoa. Não obstante essa possibilidade, prevendo que pode matar o terceiro, lhe é indiferente que este último resultado se produza. Ele tolera a morte do terceiro. Para ele, tanto faz que o terceiro seja atingido ou não, embora não queira o evento".[284]

Crime culposo, segundo Julio Fabbrini Mirabete, é "a conduta voluntária (ação ou omissão) que produz resultado antijurídico não querido, mas previsível, e excepcionalmente previsto, que podia, com a devida atenção, ser evitado".[285] A culpa é dividida em consciente e inconsciente. Pela primeira, o sujeito ativo prevê o resultado, mas, crendo sinceramente que ele não ocorrerá, prossegue na conduta. Na inconsciente, ele não prevê o resultado, embora ele fosse previsível.[286] Vê-se que a culpa consciente tem muita proximidade com o dolo eventual, sendo a única diferença a aceitação da produção do resultado.

O Código Penal tem o dolo definido no Artigo 18, quando descreve (inciso I) que o crime é doloso quando o agente quis o resultado ou assumiu o risco de produzi-lo. Na primeira parte, está o dolo direto. Na segunda, o dolo eventual. Já a culpa está definida no inciso II desse Artigo, ao descrever que o crime é culposo quando o agente deu causa ao resultado por imprudência, negligência ou imperícia.

Pelo que está disposto no Artigo 18, parágrafo único, todos os crimes são dolosos e "ninguém pode ser punido por fato previsto

---

282 Damásio de Jesus, obra citada, p. 330; André Estefam, obra citada, p. 198; Cezar Roberto Bitencourt, obra citada, p. 286.

283 Obra citada, p. 331.

284 Obra citada, p. 331 (itálico no original).

285 Obra citada, p. 132.

286 A previsibilidade é unanimemente aceita pela doutrina como componente da culpa (ou do crime culposo).

como crime, senão quando o pratica dolosamente", salvo nos casos expressos em lei. Ou seja: quando o crime existir na forma culposa, isso deve estar expresso em lei.

É muito difícil – para não dizer impossível em alguns casos – visualizar uma diferença entre dolo eventual e culpa consciente. Claus Roxin[287]: *la cuestión de cómo se há de determinar y como se há de delimitar el dolo eventual frente a la imprudencia[288] (consciente) no solo posee una extraordinnaria importância práctica, sino que es considerada tambiém una de lãs cuestiones más difíciles y discutidas del Derecho Penal.*

3. A Solução do Supremo Tribunal Federal

No dia 20 de junho de 1995, o Supremo Tribunal Federal, por sua 1ª Turma, relator, o Ministro Celso de Mello, julgou um pedido de *habeas corpus* referente a um processo do estado do Rio Grande do Sul em que o requerente fora condenado pela prática de dois crimes de homicídio (dolosos) simples (e crimes de lesões corporais dolosas): os fatos tinham ocorrido durante uma disputa de "racha automobilístico". Foi, no pedido, pleiteada a desclassificação para a forma culposa. A ordem foi denegada. Um dos itens da ementa versa sobre "reconhecimento do dolo eventual", e tal modalidade de dolo teria decorrido, conforme o corpo do aresto, da "conduta social desajustada daquele que, agindo com intensa reprovabilidade ético-jurídica, participa, com seu veículo automotor, de inaceitável disputa automobilística realizada em plena via pública, nesta, desenvolvendo velocidade exagerada – além de ensejar a possibilidade do reconhecimento do dolo eventual inerente a esse comportamento do agente – justifica a especial exasperação da pena, motivada pela necessidade de o Estado responder, grave energicamente, à atitude de quem, em assim agindo, comete os crimes de homicídio doloso e lesões corporais".[289]

---

287 *Derecho Penal*, Parte General, tomo I, tradução de Diego-Manuel Luzón Peña, Miguel Díaz y García Conlledo e Javier de Vicente Remesal, Civitas, Madri, 2001, § 12, item 21, p. 424.

288 Em espanhol, delito de imprudência é o crime culposo.

289 Pedido de *habeas corpus* n° 71.800 – os grifos estão no original.

No corpo do julgado não existem razões que justifiquem o reconhecimento da ocorrência do dolo eventual, além das expressões grifadas. Ademais, o aresto confunde a reprovabilidade – culpabilidade – com o reconhecimento do dolo eventual. O dolo de há muito não faz parte da culpabilidade.

No dia 2 de setembro de 2008, a mesma corte de justiça, agora por sua 2ª Turma, relatora a Ministra Ellen Gracie, julgou pedido de ordem de *habeas corpus* referente a crimes ocorridos em "racha" ou "pega" automobilístico realizado em cidade do estado de Minas Gerais, e o item 6 da ementa está assim redigido: *para a configuração do dolo eventual não é necessário o consentimento explícito do agente, nem sua consciência reflexiva em relação às circunstâncias do evento. Faz-se imprescindível que se extraia das circunstâncias do evento, e não da mente do autor, eis que não se exige uma declaração expressa do agente.*[290] Também nesse caso a ordem foi denegada.

Esse julgado subverte tudo aquilo que a doutrina unanimemente expõe como conteúdo do dolo eventual, principalmente na parte em que afirma ser desnecessário o consentimento explícito do agente à causação do resultado. A teoria, a propósito, adotada quanto ao dolo eventual, como toda a doutrina brasileira afirma, é a do consentimento, seja ele explícito ou não. Ou seja: o sujeito ativo consente, aceita, encampa, o resultado que ele previu como fruto de sua conduta.

Conclusão

Pelo que se expôs, aquilo que se entende como homicídio com dolo eventual, nada mais é do que homicídio culposo com culpa consciente. A linha que os separa é muito tênue e, por vezes, invisível. Algumas circunstâncias demonstrarão que o agente não assumiu o risco de produzir o resultado; talvez nem o tenha previsto, embora ele fosse previsível.

---

290 Pedido de *habeas corpus* n° 91.159.

Nessas ocorrências, em regra, o sujeito ativo confia em sua habilidade na condução do veículo automotor, pois, caso contrário, não participaria da corrida, e, ainda que tenha previsto o resultado, acredita que ele não ocorrerá. Ademais, sabe que, se se envolver em algum acidente, provavelmente será também vítima.

Melhor seria adotar a solução preconizada por Nélson Hungria há quase meio século:

> *[...] é bem de ver que nos casos em que não se revele inequívoca a atitude psíquica do agente[291] ou se há irredutível dúvida, em face dos coligidos elementos de informação, sobre se houve, ou não, aceitação do risco (consentimento,[292] aprovação, anuência, ratificação, ante ao resultado), a solução, de acordo com o in dubio pro reo, deve ser no reconhecimento da culpa consciente, isto é, da hipótese mais favorável.[293]*

Claus Roxin pensa como Nélson Hungria: *la opinión absolutamente dominante parte hoy de la idea de que dolo y imprudência se hallan em uma "relación gradual", de modo que em caso de situación probatória poço clara se puede condenar por imprudência conforme al principio "in dúbio pro reo".*[294]

Não será demais lembrar que o Código Brasileiro de Trânsito (Lei nº 9.605/97) pune administrativamente a disputa automobilística como infração gravíssima, com penalidade de multa, suspensão do direito de dirigir e apreensão do veículo.

Concluir pela existência de dolo eventual levando em conta apenas a velocidade, ou a disputa, ou, ainda, a embriaguez, é, como dizia Nélson Hungria, "lançar o disco além da meta".

---

291 O acórdão referente ao pedido de *habeas corpus* n° 91.159 colide frontalmente com este ponto do pensamento do mais ilustre penalista brasileiro de todos os tempos – e que também foi ministro do STF.

292 Mais um ponto de colisão com o acórdão.

293 *Comentários ao Código Penal*, vol. I, tomo II, Forense, Rio, 5ª Edição, 1978, p. 119. (itálico no original.)

294 Obra citada, § 24, n° 72, p. 1023.

Lei dos Juizados Especiais Criminais - Princípios, Competência e Fase Preliminar

Marcelo Valdir Monteiro[295]

1. Fundamento Constitucional

Os Juizados Especiais estão previstos no Art. 98, I, CF ao determinar que a União, no Distrito e Territórios, e **os Estados criarão juizados especiais**, providos por juízes togados, **ou togados e leigos**, competentes para a **conciliação**, o julgamento e a execução de causas cíveis de menor complexidade e **infrações de menor potencial ofensivo**, mediante os **procedimentos: oral e sumariíssimo**; permitidos, nas hipóteses previstas em lei, a **transação** e o julgamento de recursos por **turmas de juízes de primeiro grau**. O Art. 98, § 1° também determina que lei federal disporá sobre a criação de juizados especiais no âmbito da **Justiça Federal**.

Essa previsão constitucional do Art. 98, I, CF é regulamentada pela Lei nº 9.099/95, com várias alterações posteriores.

2. Motivação Histórica

A partir da década de 1990, o Brasil vem passando por um período de inflação legislativa fortemente influenciado pela mídia. Dois movimentos opostos lideram o cenário legislativo. O movimento de lei e ordem e o movimento do direito penal mínimo.

No movimento de lei e ordem, seus idealizadores buscam aplicar penas severas, sem benefícios ao réu, no intuito de reprimir a criminalidade, como num programa de tolerância zero. Temos como

---

295 *Marcelo Valdir Monteiro* é advogado criminalista, mestre em Direito Penal pela USP, professor de Direito Penal e Processo Penal da PUC-Campinas.

exemplo dessa produção legislativa na década de 1990 a lei dos crimes hediondos (Lei nº 8.072/90) e a Lei de combate ao crime organizado (Lei nº 9.034/95).

O movimento do direito penal mínimo visa evitar ao máximo o encarceramento, ampliando o rol das penas restritivas de direitos e a possibilidade de conciliação para crimes mais leves. Como exemplo desse movimento do Direito Penal Mínimo na década de 1990 temos a Lei dos Juizados Especiais (Lei nº 9.099/95) e a Lei das Penas Alternativas (Lei nº 9.714/98).

A Lei em estudo, portanto, segue a ideologia do direito penal mínimo, privilegiando o consenso (acordo) ao invés do contencioso e baseia-se em critérios informativos como a reparação dos danos à vítima, conciliação civil e penal e não aplicação de pena privativa de liberdade.

3. Estrutura da Lei e Princípios

A Lei nº 9.099/95 dispõe sobre os Juizados Especiais Cíveis e Criminais e dá outras providências, baseando-se nos princípios da oralidade, simplicidade, informalidade, economia processual e celeridade, buscando, sempre que possível, a conciliação ou a transação.

A Lei possui 97 Artigos divididos em 4 capítulos da seguinte forma:

Cap. I – disposições gerais (Art. 1° e 2°);
Cap. II – dos juizados especiais cíveis (Art. 3°/59);
Cap. III – dos juizados especiais criminais (Art. 60/92);
Cap. IV – disposições finais comuns (Art. 93/97).

Algumas leis alteraram a redação original da Lei nº 9.099/95. Foram elas:

- Lei nº 10.259/01 (aplicação do JECrim no âmbito da Justiça Federal);
- Lei nº 10.455/02 (afastamento domiciliar em caso de violência doméstica);
- Lei nº 11.313/06 (revogou e alterou alguns dispositivos).

Os critérios informadores da lei estão previstos no Art. 2° e são os seguintes:

- **Oralidade:** apenas os atos essenciais serão transcritos, os demais atos podem ser gravados;

- **Simplicidade e informalidade:** dispensa-se o rigor formal do processo penal, não havendo nulidade se o ato atingir sua finalidade. Assim, o Art. 81, § 3° dispensa o relatório da sentença, formalidade exigida pelo Art. 381, CPP; as nulidades devem ser sempre comprovadas e demonstrado o prejuízo.

- **Economia processual:** será realizado o maior número de atos processuais no menor tempo possível.

- **Celeridade:** exige-se rapidez na execução dos atos processuais. Este princípio foi elevado a categoria de norma constitucional pela EC 45/04 que inseriu o inciso LXXVIII ao Art. 5° da Constituição Federal assegurando a todos, no âmbito judicial e administrativo, a razoável duração do processo e os meios que garantam a celeridade em sua tramitação.

4. Infração de Menor Potencial Ofensivo

4.1 Conceito

O procedimento sumaríssimo é utilizado para as infrações consideradas de menor potencial ofensivo. O Art. 61 prevê que consideram-se infrações penais de menor potencial ofensivo as contravenções penais e os crimes a que a lei comine pena máxima não superior a 2 anos, cumulada ou não com multa.

4.2 Evolução Histórica da Definição de Infração de Menor Potencial Ofensivo

Originariamente, a Lei nº 9.099/95 previa que infração de menor potencial ofensivo seria aquela cuja pena máxima não superasse 1 ano e tinha aplicação no âmbito da Justiça Estadual. A Lei nº 10.259/01, que criou a Lei dos Juizados Especiais no âmbito da Justiça Federal, determinou que seria infração de menor potencial ofensivo o delito cuja pena máxima não superasse 2 anos.

Isso criou situações inusitadas. Se o tipo penal fosse sancionado com pena de até 2 anos e a competência da Justiça Federal (*toda vez que há interesse da União a competência é Federal, nos termos do Art. 109, CF*) o autor do fato teria os benefícios do JECrim. Mas se este autor praticasse o mesmo tipo penal, mas de competência da Justiça Estadual, não teria os benefícios do JECrim. Ora, qual a lógica disso? Nenhuma. Então a jurisprudência já vinha entendendo tranquilamente que mesmo para a Justiça Estadual, aplicava-se a regra dos 2 anos, até que a Lei nº 11.313/06 solucionou a questão especificando que será infração de menor potencial ofensivo qualquer contravenção penal (independente da pena) e os crimes cuja pena máxima não supere 2 anos.

4.3 Infração de Menor Potencial Ofensivo

4.3.1 Contravenções penais

Independente da quantidade da pena, qualquer contravenção penal é de competência do JECrim. Portanto, mesmo que a pena máxima seja superior a 2 anos, como por exemplo nas contravenções de extração de loteria não autorizada (Art. 45, Decreto Lei nº 6259/44), que tem pena de 1 a 4 anos de prisão simples e multa, é de competência do JECrim.

Lembramos ao leitor que as contravenções penais nunca serão julgadas pela Justiça Federal, mesmo que haja interesse da União, por expressa exclusão do constituinte (Art. 109, IV, CF/88) e também em consonância com a Súmula 38, STJ. Portanto, a competência para julgamento das contravenções penais é do JECrim estadual.

4.3.2 Crimes de menor potencial ofensivo

Como visto, os crimes de menor potencial ofensivo são aqueles cuja pena máxima não supere 2 anos cumulada ou não com multa.

Importante lembrar que as causas de aumento ou diminuição de pena podem influenciar na competência para julgamento. Assim, tomemos como exemplo o crime cuja pena máxima seja de 2 anos. Em princípio ele é de competência do JECrim, mas se houver uma causa de aumento de pena, estará excluída da sua competência. Já se o crime tem pena máxima de 3 anos, em princípio não é de competência do JECrim, mas se o delito for tentado, o Art. 14, parágrafo único do Código Penal determina a redução de pena de 1/3 a 2/3, portanto passa a ser de sua competência, pois terá a pena máxima de 2 anos.

Assim, como se precisa saber a pena máxima para definir a competência do JECrim, quando houver uma causa de aumento de pena deve-se partir da pena máxima e acrescentar o maior aumento possível. Já quando se trata de uma causa de diminuição de pena deve-se partir da pena máxima e fazer a menor diminuição possível. Dessa forma chegaremos a pena máxima.

Ressaltamos ainda, que apenas as causas de aumento e diminuição de pena (aquelas que tem uma quantidade certa de aumento ou diminuição, como 1/3, ½, de 1/3 a 2/3 etc) influenciam nesse cálculo de pena em abstrato. As agravantes e atenuantes (não tem quantidade certa de aumento ou diminuição) nada influenciarão para definição da pena em abstrato do delito e consequentemente para competência ou não do JECrim.

4.3.3 Crimes de menor potencial ofensivo excluídos do JECrim

Alguns delitos, mesmo tendo a pena máxima igual ou inferior a 2 anos, são excluídos da competência do JECrim.

Os crimes de competência da Justiça Militar estão taxativamente excluídos do JECrim (Art. 90-A), devido a própria filosofia militar, baseada em hierarquia e disciplina, não havendo espaço para a composição ou transação, como é o objetivo da Lei nº 9.099/95. Portanto, todos os crimes de competência da Justiça Militar, mesmo que tenham a pena máxima igual ou inferior a 2 anos, não se aplicam as disposições do JECrim.

A Lei de Violência Doméstica (Lei nº 11.340/06) prevê taxativamente no seu Art. 41 que aos crimes praticados com violência doméstica e familiar contra a mulher, independente da pena prevista, não se aplica a Lei nº 9.099/95. Assim, uma lesão corporal de natureza leve, praticada em violência doméstica, que tem pena inferior a 2 anos, não será de competência do JECrim, devendo seguir o procedimento sumário na Vara dos Juizados Especiais de Violência Doméstica e Familiar ou, enquanto este não for criado, na Vara Criminal comum.

4.3.4 Crimes que não são de menor potencial ofensivo, mas seguem o rito do JECrim

O Estatuto do Idoso (Lei nº 10.741/03) prevê em seu Art. 94 que aos crimes previstos nesta lei, cuja pena máxima privativa de liberdade não ultrapasse 4 (quatro) anos, aplica-se o procedimento previsto na Lei nº 9.099/95.

Essa previsão de aplicar aos crimes previstos no estatuto do idoso o rito do JECrim, pareceu coerente ao legislador, pois a vítima é mais velha e, portanto, precisa de um procedimento mais célere para que o Estado possa dar uma resposta rápida à sociedade. Isso não significa que todos os crimes em que seja vítima um idoso seguirá o procedimento do JECrim. Apenas os crimes definidos no Estatuto do Idoso, e cuja pena máxima não supere 4 anos é que estarão sujeitos ao rito do JECrim.

A dúvida surge se também serão aplicados os institutos despenalizadores do JECrim (composição civil dos danos e transação penal).

Três posicionamentos surgem quanto a aplicação do JECrim aos crimes previstos no estatuto do idoso:

- Aplica-se o rito do **JECrim, com exceção dos institutos despenalizadores** da composição civil dos danos e transação penal;
- Aplica-se o rito do **JECrim, inclusive dos institutos despenalizadores** da composição civil dos danos e transação penal;
- **Não se aplica o rito do JECrim** ao estatuto do idoso, pois o Art. 94 do Estatuto é inconstitucional.

Alguns doutrinadores entendem que não deve ser aplicada a transação penal, pois a intenção do legislador foi agravar a situação dos que praticarem crime contra idoso e não alterar o conceito de delito de mentor potencial ofensivo.[296]

Outros sustentam que como o legislador não fez qualquer ressalva, e os institutos despenalizadores fazem parte do rito do JECrim, devem ser sim aplicados, mas apenas aos crimes descritos no estatuto do idoso.[297]

Cumpre, ainda, trazer ao leitor um posicionamento mais arrojado de alguns doutrinadores, no sentido de inconstitucionalidade deste Art. 94 do Estatuto do Idoso, uma vez que não se pode ferir a ampla defesa para trazer mais agilidade ao processo.[298] Discordo, no entanto, desse posicionamento, vez que não há inconstitucionalidade ao se trazer, numa lei específica, a previsão de um determinado rito processual. Assim faz a lei de drogas, a lei de foro privilegiado por prerrogativa de função etc.

O disposto no Art. 94 não altera o conceito de infração de menor potencial ofensivo, apenas determina que nos crimes previstos no estatuto do idoso deve ser aplicado o rito sumaríssimo.

Observo também que nos crimes falimentares (Lei nº 11.101/05) segue-se o rito sumário, independente da pena, conforme determina o Art. 185 da referida lei. No rito dos crimes praticados por funcionário

---

296 CAPEZ, Fernando. *Direito Penal*, vol. 4, pp. 559-560.

297 Nesse sentido: ANDREUCCI, Ricardo Antonio. *Legislação Penal Especial*, p. 144.

298 Nesse sentido: NUCCI, Guilherme de Souza. *Manual de Processo Penal e Execução Penal*, pp. 626-627.

público é seguido o rito ordinário, também independente da pena (Art. 518, CPP). Portanto, é perfeitamente possível uma lei específica criar um novo rito processual ou optar por seguir um determinado rito já existente, não havendo qualquer violação ao princípio da ampla defesa.

Afastada essa terceira posição (inconstitucionalidade do Art. 94 do estatuto do idoso) vamos discutir as outras duas (aplicação ou não dos institutos despenalizadores).

O Art. 94 do Estatuto do idoso prevê a aplicação do rito sumaríssimo aos crimes lá previstos, cuja pena não supere 4 anos. A Lei nº 9.099/95 prevê na seção II a **fase preliminar** (Arts. 69/76) e na seção III o **procedimento sumaríssimo** (Art. 77/83). Ora, o procedimento sumaríssimo se inicia no Art. 77 da Lei nº 9.099/95, portanto, por expressa determinação legal, no Estatuto do Idoso aplica-se o procedimento sumaríssimo e não a fase preliminar ou toda a Lei nº 9.099/95. Assim, a conclusão que se chega é que **não se aplica a fase preliminar (composição civil e transação penal)** aos crimes previstos no Estatuto do Idoso, cuja pena seja superior a 2 e não supere 4 anos. Somente o procedimento sumaríssimo é que será aplicado, ou seja do Art. 77 ao 83 da Lei nº 9.099/95.

Importante observar também que os processos por crimes previstos no Estatuto do Idoso cuja pena seja superior a 2 e não supere 4 anos não correrá na Vara do Juizado Especial Criminal, mas sim na Vara Criminal Comum.[299] Apenas o procedimento é que será o sumaríssimo.

Por fim, se o crime previsto no Estatuto do Idoso tiver pena máxima não superior a 2 anos, aí sim, seguirá na Vara do Juizado Especial Criminal, inclusive com a possibilidade de composição civil e transação penal. Mas, como visto, se a pena for superior a 2 e não superior a 4 anos, seguirá o procedimento sumaríssimo, mas na Justiça Comum e não no JECrim.

---

299 Nesse sentido: FEITOZA, Denilson. *Direito Processual Penal*, p. 596.

4.3.5 Crime previsto com pena privativa de liberdade e alternativamente com multa

O Art. 61 da Lei nº 9.099/95 prevê a competência do JECrim para os crimes punidos com pena máxima não superior a 2 anos, cumulada ou não como multa. Portanto, em princípio, todos os crimes que não tenham a pena privativa de liberdade superior a 2 anos, são de competência do JECrim, tenha ou não aplicação da pena de multa.

Mas e se o crime for punido com pena privativa de liberdade e alternativamente com pena de multa?

Lembremos que com relação a contravenção penal não há qualquer problema, pois toda e qualquer contravenção penal, independente da pena (isoladamente pena de prisão simples ou multa, ou ambas, alternativa ou cumulativamente) a competência sempre será do JECrim. Mais difícil fica a compreensão do crime que tiver a pena privativa de liberdade alternativamente com a pena de multa.

Se o crime tiver pena não superior a 2 anos, aplica-se a regra do JECrim. Mas, por exemplo, os crimes contra as relações de consumo (Art. 7°, Lei nº 8.137/90) tem a pena de detenção de 2 a 5 anos ou multa. O que fazer nesse caso? Pode ou não ser aplicada a competência do JECrim?

Vejamos que inicialmente a competência quando se trata de pena privativa de liberdade alternativamente com multa se a pena for superior a 2 anos, não é do JECrim, uma vez que a pena privativa de liberdade varia entre 2 e 5 anos (*sequer caberia a suspensão do processo do Art. 89, Lei nº 9.099/95*). Mas a pena de multa **não é cumulativa, é alternativa**. Ou seja, o juiz pode deixar de aplicar a pena privativa de liberdade **e aplicar exclusivamente** a pena de multa.

No entanto, para definir crime de menor potencial ofensivo, o legislador define que a **pena máxima** não pode superar 2 anos. Portanto, mesmo no crime contra as relações de consumo, onde existe a pena alternativa de multa, a pena privativa de liberdade é superior a 2 anos, portanto não há como se justificar a aplicação da competência do JECrim neste caso. Diferente do que ocorre com a suspensão do processo, prevista no Art. 89, Lei nº 9.099/95, onde se estabelece que a **pena mínima** não possa superar a 1 ano.

Assim, temos que para os crimes com pena ALTERNATIVA de multa, se a privativa de liberdade superar 2 anos, não será de competência do JECrim, mas caberá a suspensão do processo, do Art. 89, Lei nº 9.099/95, pois para o suris processual não interessa a pena máxima, e sim a pena mínima.

Esquematicamente, temos o seguinte:

Contravenção Penal:

Pena privativa de liberdade isolada	=	JECrim
Pena privativa de liberdade cumulada com multa	=	JECrim
Pena privativa de liberdade alternativamente com multa	=	JECrim
Pena de multa isoladamente	=	JECrim

Crimes:

Pena privativa de liberdade isolada (até 2 anos)	=	JECrim
Pena privativa de liberdade cumulada com multa (até 2 anos)	=	JECrim
Pena privativa de liberdade **alternativamente** com multa (até 2 anos)	=	JECrim

Obs.: Diferente do que ocorre com as contravenções penais, não há crime punido exclusivamente com multa. O usuário de drogas (Art. 28, Lei nº 11.343/06) é punido com pena de advertência, prestação de serviço à comunidade ou medida educativa de comparecimento a programa ou curso educativo e por expressa determinação da lei de drogas, segue o rito do JECrim (Art. 48, § 1º, Lei nº 11.343/06).

4.3.6 Leis penais com ritos especiais e o JECrim

O Art. 61, do JECrim, com a alteração trazida pela Lei nº 11.313/06 não exclui, como fazia antigamente, os procedimentos especiais. Portanto, mesmo a lei possuindo procedimento especial, se a pena não superar 2 anos ou for contravenção penal, deve ser observado a Lei nº 9.099/95.

Assim, podemos citar como exemplo a Lei de Drogas (Lei nº 11.343/06) que tem rito especial, mas os delitos previstos nos Arts. 33, § 3° e 38 a pena máxima não supera 2 anos então deve ser seguido o rito do JECrim, inclusive com audiência preliminar para transação penal.

O mesmo ocorre nos crimes contra honra que possuem procedimento especial previsto no próprio CPP (Arts. 519/523), mas nas infrações contra honra, cuja pena não superar 2 anos, também será seguido o rito do JECrim, com audiência preliminar para composição civil e transação penal e não o procedimento dos crimes contra a honra.

5. Do Foro Competente e dos Atos Processuais

5.1 Foro competente

O foro competente para processar e julgar o autor da infração de menor potencial ofensivo será determinada pelo lugar em que foi praticado o delito (Art. 63).

O legislador, portanto, adotou a **teoria da atividade** para definir a competência do local do crime nos delitos de competência do JECrim. Diferente do que prevê o Código de Processo Penal em seu Art. 70 ao determinar que a competência (nos crimes que não são do JECrim) será determinada pelo lugar em que se consumou a infração ou, no caso de tentativa, pelo lugar em que foi praticado o último ato de execução (teoria do resultado).

5.2 Características dos atos processuais

Os atos processuais serão **públicos** (Art. 64), como, aliás, é a regra dos atos processuais como determina o Art. 93, IX, CF. O magistrado, entretanto, mesmo sem expressa previsão na Lei nº 9.099/95, poderá decretar sigilo dos autos, permitindo seu acesso apenas às partes e seus procuradores, se assim entender necessário para preservar a intimidade das partes, por se tratar de garantia constitucional (Art. 5°, X, CF).

As normas de organização judiciária poderão permitir a realização dos atos processuais em **horário noturno ou qualquer dia da semana**, o que será bem útil, pois com o encaminhamento imediato das partes à sede do Juizado, poderá ser resolvido desde logo a questão, principalmente em estádios de futebol ou aeroportos.

As **nulidades** ocorridas nos procedimentos de competência do JECrim somente serão decretadas se comprovado o prejuízo causado (Art. 65). Apesar da previsão legal, existem prejuízos que são notórios e por tratar-se de nulidade absoluta não haverá necessidade de provar qualquer efetivo prejuízo, como, por exemplo, no caso de realização de audiência preliminar sem a presença de advogado. O prejuízo nesse caso é patente, foi ferido o princípio constitucional da ampla defesa e portanto deve ser anulado pelo magistrado.

Havendo necessidade de ouvir alguma testemunha ou parte na sede de outro juízo, não precisa ser expedida a **carta precatória**, podendo o juiz valer-se de qualquer meio hábil de comunicação para realização do referido ato. Essa previsão do Art. 65, § 2° agiliza significativamente o andamento do processo, atingindo os critério informativos do JECrim de oralidade, informalidade, economia processual e celeridade.

No mesmo sentido, reafirmando os critérios informativos do JECrim, somente será objeto de **registro escrito** os atos essenciais, podendo ainda a audiência ser gravada em fita magnética ou equivalente.

5.3 Citação e Intimação

A citação tem o objetivo de chamar o autor do fato a juízo e cientificá-lo que contra ele existe uma ação penal, possibilitando, dessa forma, sua defesa. Esta pode ser classificada como real, pessoal, ficta ou presumida. Será real ou pessoal quando o autor do fato assinar o mandado de citação (mandado, carta precatória, carta de ordem ou requisição). A citação é classificada como ficta ou presumida quando feita por edital ou por hora certa.

No JECrim somente é admitida a **citação real ou pessoal**, tendo em vista os princípios informadores do juizado. Não sendo possível a citação pessoal, os autos serão encaminhados ao juízo comum e lá seguirá o rito sumário (Art. 66, parágrafo único, Lei nº 9.099/95, c.c. Art. 538, CPP). Importante observar que, uma vez encaminhado os autos ao juízo para seguir o rito sumário, não se reestabelece mais o rito sumaríssimo, mesmo quando da localização do autor do fato em face da *perpetuatio jurisdictionis.*[300]

Quanto a citação por hora certa, prevista no Art. 362, CPP (com redação dada pela Lei nº 11.719/08), permitida para o réu que se oculta para não ser citado, apesar do **Enunciado 110** aprovado no XXV Fórum Nacional dos Juizados Especiais em São Luís/MA, que afirma: *No Juizado Especial Criminal é cabível a citação com hora certa*; entendo que tal previsão, assim como a determinação do Art. 362, CPP fere o princípio constitucional da ampla defesa (Art. 5º, LV, CF/88), bem como viola também o Pacto de San Jose da Costa Rica (Decreto nº 678/92), Art. 8º, n. 2, b, ao determinar que em processos crimes o autor do fato sempre tem que ser citado pessoalmente e, portanto, a citação por hora certa não deve ser aceita pelo magistrado.

As **intimações** (para oitiva de testemunhas, por exemplo) podem ser feitas por **correspondência com aviso de recebimento** (AR), por **entrega ao porteiro** (tratando-se de pessoa jurídica ou firma individual), por **oficial de justiça** (mas sem a obrigatoriedade de mandado ou carta precatória) ou ainda por **qualquer meio idôneo** (por exemplo, por telefone, desde que atingida sua finalidade).

Essa previsão da intimação por qualquer outro meio pode ferir de morte o princípio da ampla defesa, pois não se tem a certeza que realmente existiu a intimação das partes. Pode-se argumentar que o oficial tem fé pública e, portanto, bastaria ele certificar que ligou para a testemunha ou autor do fato e que procedeu a intimação. Mas, como o oficial de justiça vai saber que a pessoa do outro lado do telefone realmente é quem está dizendo? Por isso, essa intimação somente deve ser aceita quando atingida sua finalidade, ou seja, com o comparecimento do intimado. Caso ele não compareça, o juiz deve determinar a intimação de outra forma idônea.

---

300 *Súmula 79 TJ/SP* (publicada aos 14/4/11*)*: "Não se viabiliza o restabelecimento de competência justificadamente declinada pelo Juízo da Vara do Juizado Especial Criminal, à vista da não localização do réu (Lei n° 9.099/95, Art. 66, parágrafo único), quando de sua superveniente localização, ante a caracterização da *perpetuatio jurisdictionis.*

5.4 Obrigatoriedade de advogado

No JECrim (assim como em qualquer outro procedimento criminal), é obrigatória a presença do advogado ou de um defensor público, para defender os interesses do autor do fato. Mesmo para a composição civil, se faz necessário a presença do advogado, pois somente assim, estar-se-á assegurando o princípio constitucional da ampla defesa.

Visando assegurar a defesa técnica ao autor do fato, e uma defesa por um advogado de sua escolha, o Art. 68 determina que na intimação ou citação constará a informação de que o autor do fato deve comparecer em juízo acompanhado de advogado, sendo que, na sua falta, ser-lhe-á nomeado um defensor público.

Portanto, a parte criminal da Lei dos Juizados Especiais não faculta a presença de advogado, como faz na parte cível, ao estabelecer que nas causas de até 20 salários mínimos, as partes podem comparecer pessoalmente sem a presença de advogado (Art. 9°). Na parte criminal da Lei nº 9.099/95 sempre será obrigatória a presença de advogado.

6 Da Fase Preliminar

6.1 Termo Circunstanciado de Ocorrência

Tendo em vista os princípios que regem a lei dos juizados especiais, não há instauração de inquérito policial pela autoridade judiciária. Em seu lugar, será lavrado Termo Circunstanciado de Ocorrência (TCO), devendo a autoridade ouvir as pessoas envolvidas no fato e concluindo tratar-se de infração de menor potencial ofensivo deve encaminhá-las imediatamente à sede do Juizado.

Com a lavratura do TCO, e tratando-se de infração que deixa vestígios, a autoridade policial deverá requisitar os exames periciais necessários, vez que, *v.g.*, o Art. 158, CPP, é claro na exigência dos exames de corpo de delito, não o suprindo a confissão. Mesmo considerando os princípios do JECrim, esses exames periciais são necessários para comprovação da materialidade do delito e sua não realização pode ofender o princípio constitucional da ampla defesa.

Na prática, a providência de encaminhamento das partes imediatamente a sede do juizado é muito difícil de ocorrer, tendo em vista a estrutura precária das instalações do Judiciário então, a lei autoriza que as partes poderão assumir o compromisso de comparecer ao juizado.

Atualmente, alguns estádios de futebol e aeroportos tem sede do juizado especial, locais onde poderá ser cumprido o disposto no Art. 69, Lei nº 9.099/95 e as partes encaminhadas imediatamente a sede do Juizado.

Sendo as partes encaminhadas imediatamente à sede do juizado ou assumindo o compromisso de a ele comparecerem, não será lavrado auto de prisão em flagrante e nem se exigirá fiança, portanto trata-se de uma hipótese obrigatória de concessão de liberdade provisória a ser feita pela autoridade policial. Se a infração é de menor potencial ofensivo e o JECrim visa a aplicação de pena não privativa de liberdade, correta a previsão legal de não lavratura do auto de prisão em flagrante e não exigência da fiança.

No entanto, se o autor do fato se recusar a ser encaminhado à sede do Juizado ou não quiser assumir o termo de comparecimento ao Jecrim, não restará alternativa ao delegado de polícia, que deverá lavrar o auto de prisão em flagrante e arbitrar fiança, se for de sua atribuição. Lembrando que a autoridade policial só pode arbitrar fiança para concessão da liberdade provisória, nas infrações punidas com pena máxima de até 4 anos, nos demais casos, somente o juiz de direito poderá arbitrar fiança, nos termos da Lei nº 12.403/11.

Ainda nessa fase preliminar, o juiz pode determinar, como medida de cautela, o afastamento do autor do fato do lar, domicílio ou local de convivência com a vítima. Essa medida deve ser adotada com muita parcimônia pelo magistrado e deverá perdurar pelo tempo estritamente necessário, pois isso poderá acarretar grandes dificuldades financeiras e morais para o autor do fato (observem que ele não foi condenado criminalmente e sequer é réu, mas já pode ser afastado do lar).

6.2 Da impossibilidade de indiciamento em infração de menor potencial ofensivo

O indiciamento é um ato formal de competência do delegado de polícia a ser realizado no inquérito policial.

Em infrações de menor potencial ofensivo é lavrado TCO e as partes são imediatamente encaminhadas ao JECrim ou assinam termo de comparecimento ao juizado, para proposta de composição civil dos danos ou transação penal, não existindo o inquérito policial, único procedimento que permite o indiciamento.

Não se pode admitir o instituto do indiciamento nas infrações de menor potencial ofensivo, pois, além de não existir inquérito policial, trata-se de lei que prevê medidas despenalizadoras, que dão tratamento bem mais brando aos autores de infrações dessa natureza, especialmente a possibilidade de composição civil, transação penal e a suspensão condicional do processo.

A doutrina brasileira é tranquila no sentido de que não cabe indiciamento em infrações de menor potencial ofensivo, conforme se verifica abaixo:

Cabe observar que a lavratura do termo circunstanciado não pode conduzir ao **indiciamento** do autor do fato, o que se justifica pela maior simplicidade do procedimento. (AVENA, Norberto. *Processo Penal*, 5ª Edição, SP: Editora Método, 2010, p. 50).

Indiciamento é a imputação formal da prática de infração penal a alguém no inquérito policial (FEITOZA, Denilson. *Direito Processual Penal*, RJ: Editora Impetus, 2010. p. 175) **Tratando-se de infrações penais de menor potencial ofensivo, no procedimento da Lei nº 9.099/1995, não chega a se instaurar o inquérito policial** (*idem*, p. 201).

Também o **Tribunal Regional Federal da 3ª Região** já se manifestou, quanto a impossibilidade de indiciamento em infrações de menor potencial ofensivo:

> *HABEAS CORPUS. ESTELIONATO. FALSIDADE IDEOLÓGICA. PRELIMINAR REJEITADA. INQUÉRITO POLICIAL. TRANCAMENTO. ATIPICIDADE NÃO DEMONSTRADA. JUSTA CAUSA CONFIGURADA. DISPENSA DE INDICIAMENTO. IMPOSSIBILIDADE. CONDUTAS*

QUE NÃO SE ENQUADRAM NO CONCEITO DE INFRAÇÃO DE MENOR POTENCIAL OFENSIVO. IMPOSSIBILIDADE DE DISPENSAR O INQUÉRITO POLICIAL, E, POR CONSEGUINTE, OS ATOS ADMINISTRATIVOS QUE LHE SÃO INERENTES. ORDEM DENEGADA. (...) 5) E quanto ao pedido subsidiário de não indiciamento dos pacientes, observa-se que ele não pode ser acolhido, visto que despido de qualquer fundamento. As modificações introduzidas pela Lei n° 10.259/01, que alargaram o conceito de infração de menor potencial ofensivo, não possuíram o condão de modificar o patamar de pena que justifica o benefício da suspensão condicional do processo, benefício que continua sendo cabível apenas aos crimes cuja pena mínima seja de até 1 ano de prisão, quer sejam, ou não, infrações de menor potencial ofensivo. <u>O inquérito policial - e por conseguinte o indiciamento - só é dispensado no caso de infrações de menor potencial ofensivo (aquelas infrações apenadas com pena máxima até dois anos de prisão),</u> o que não é o caso dos autos. *Os crimes em tese praticados pelos pacientes possuem pena máxima superior a esse montante (2 anos de prisão) não sendo possível que se dispense o inquérito policial, e, por conseguinte, os atos administrativos que lhe são inerentes. 6) Ordem denegada. (TRF 3ª R.; HC 28908; Proc. 2007.03.00.085586-1; SP; Relª Desª Fed. Ramza Tartuce Gomes da Silva; DEJF 11/06/2008; Pág. 723).*

O antigo TACrim-SP, também já teve oportunidade de se manifestar quanto a inexistência de indiciamento em sede do Juizado Especial Criminal:

JUIZADO ESPECIAL CRIMINAL - Indiciamento formal do acusado - Desnecessidade - Existência de registros policiais sobre o fato e de seu possível autor - Suficiência:

<u>Em sede de Juizado Especial Criminal é desnecessário o indiciamento formal do acusado, como sói acontecer nos Inquéritos Policiais,</u> *já que pelo procedimento regulado pela Lei n° 9.099/95, o Delegado de Polícia lavrará o Auto Circunstanciado e o remeterá à Autoridade Judiciária, restando, suficiente, a existência de registros policiais sobre o fato e de seu possível autor. (Habeas Corpus n° 392.486/5 - São Paulo - 5ª Câmara - Relator: Pereira da Silva - 26/9/2001 - V.U. (Voto n° 6.340) - TACrim Ementário 25 - Janeiro 2002).*

Assim, o indiciamento do autor do fato em infração de menor potencial ofensivo mostra-se como coação ilegal, passível de *habeas corpus* para sanar imediatamente esse constrangimento.

6.3 Da audiência preliminar

A audiência preliminar no Jecrim é dividida em duas partes. A primeira parte da audiência é a Composição civil dos danos e a segunda parte a transação penal.

6.3.1 Da composição civil dos danos

A primeira parte da audiência preliminar do JECrim é a composição civil dos danos. Trata-se de uma tentativa de resolver definitivamente a questão, conciliando autor do fato e vítima.

Realizada a composição civil dos danos com êxito, o juiz deve reduzi-la a termo e homologá-la, tendo essa decisão a eficácia de título executivo na esfera cível. Se for feita a composição, não há mais justa causa para a ação penal privada ou condicionada a representação, implicando em renúncia ao direito de queixa ou representação.

Mas e se a ação penal for pública incondicionada? Nesse caso havendo ou não composição civil dos danos, obrigatoriamente passa-se a segunda parte da audiência preliminar que é a transação penal.

6.3.2 Transação penal

A transação penal é a possibilidade de o Ministério Público propor a aplicação imediata de pena restritiva de direitos ou multa. Obviamente o MP somente deverá fazer essa proposta se não for caso de arquivamento e desde que o autor do fato preencha os requisitos legais para esse benefício.

O Art. 76, § 2° da Lei nº 9.099/95 prevê três hipóteses em que **o MP não deverá oferecer a proposta** de transação penal:

I – ter sido o autor da infração condenado, pela prática de crime, à pena privativa de liberdade, por sentença definitiva;

II – ter sido o agente beneficiado anteriormente, no prazo de cinco anos, pela aplicação de pena restritiva ou multa, nos termos desse Artigo;

III – não indicarem os antecedentes, a conduta social e a personalidade do agente, bem como os motivos e as circunstâncias, ser necessária e suficiente a adoção da medida.

Na **primeira hipótese**, deve-se levar em consideração o tempo de reincidência previsto no Código Penal (5 anos), sob pena de perpetuar a negativa de transação penal para o resto da vida do condenado. Assim, enquanto perdurarem os efeitos da reincidência, não fará jus ao benefício da transação penal. Como o legislador menciona sentença definitiva, caberá a transação penal, mesmo que o autor do fato tenha sido condenado à pena privativa de liberdade em 1ª instância, mas tenha ingressado com recurso de apelação, pois a sentença ainda não é definitiva.

O **segundo caso** visa aplicar ao agente os mesmos efeitos da reincidência, ou seja, se já foi beneficiado com a transação penal nos últimos 5 anos, não poderá se valer dela novamente.

Por fim, **a última hipótese** de impedimento de aplicação da transação penal levará em consideração condições subjetivas do autor do fato e é de difícil fundamentação por parte do juiz. Vejamos:

Os *antecedentes criminais* não podem ser utilizados nem mesmo para agravar a pena-base, como prevê a recente Súmula 447, STJ, então por analogia entendo que também não poderá ser utilizado para negar a proposta de transação penal, pois fere o princípio da presunção de inocência. Imagine que um desafeto faça um Boletim de Ocorrência contra mim, por um fato inexistente. O MP deixaria de fazer a proposta de transação penal porque tenho antecedentes criminais? Ou mesmo que eu tenha sido condenado em primeira instância, mas em 2ª instância o

Tribunal reconheça a extinção da punibilidade pela prescrição. Eu não fui absolvido, o Estado perdeu o direito de me punir, então eu não poderia me valer da transação penal? Acredito ser esta previsão inconstitucional, em face do disposto no Art. LVII, CF (*ninguém será considerado culpado até o transito em julgado da sentença penal condenatória*).

No mesmo sentido, por analogia, podemos usar o posicionamento de Ney Moura Teles ao comentar o Art. 59, CP ao prever que o magistrado deve levar em consideração os ***antecedentes*** para fixação da pena base:

> *O passado das pessoas não é indicador de seu futuro, nem um rosário de crimes indica, necessariamente, sua continuidade. Por isso, não se pode aceitar que aquele que já cometeu crime, só por isso, deverá merecer maior censura se vier a cometer outro crime.*
> *(...)*
> *Fixar pena base no passado do agente é o mesmo que fixá-la com fundamento em sua raça, na religião que professa, na cor de seus olhos ou de sua pele, ou na textura de seus cabelos. É fixá-la com base em elemento completamente dissociado do fato criminoso por ele praticado.*[301]

A **conduta social e a personalidade do agente** dizem respeito a fatos estranhos ao delito praticado. Se o ator do fato é uma pessoa de difícil trato, não tem muitos amigos e não gosta de convívio social isto será considerado em seu prejuízo para aplicação de proposta de transação penal? Como a Constituição Federal prevê que ninguém é obrigado a fazer ou deixar de fazer algo, senão em virtude da lei (Art. 5°, II, CF), e ainda assegura o direito à intimidade (Art. 5°, X, CF) também está eivado de inconstitucionalidade esta vedação para concessão de transação penal.

Tratando-se de **ação penal pública condicionada** à representação, o MP somente estará autorizado a fazer a proposta de transação penal após o cumprimento desse requisito processual. A vítima, no entanto, tem como regra um prazo de 6 meses para representar e, portanto, não precisa decidir na audiência preliminar se quer ou não representar, podendo deixar para fazê-lo em momento posterior (mas dentro do prazo decadencial de 6 meses).

---

301 TELES, Ney Moura. *Direito Penal, vol. I*, pp. 363-364.

6.3.3 Ausência injustificada de proposta de transação penal ou composição civil dos danos

Caso o autor do fato preencha todos os requisitos legais e o MP não faça a proposta de transação penal, o juiz deverá se valer do disposto no Art. 28, CPP e encaminhar os autos ao Procurador Geral de Justiça (no âmbito da Justiça Estadual) ou a Câmara de Recursos e Revisão do MP (se no âmbito da Justiça Federal).

E se for ação penal privada e a vítima, por mero capricho não quiser oferecer proposta de composição civil dos danos? Nesse caso vem predominando o entendimento que o Ministério Público poderá fazer a proposta de transação penal, tendo em vista o princípio da igualdade e da proporcionalidade. Ora, se o MP é obrigado a fazer a proposta, podendo o juiz se valer do Art. 28, CPP em sua ausência, porque o autor do fato não tem o mesmo direito de encerramento da questão tratando-se de ação penal privada?

6.3.4 Da divergência entre autor do fato e seu advogado quanto a proposta de composição civil ou transação penal

Uma dúvida que pode surgir no momento da proposta de composição civil ou transação penal é a divergência entre autor do fato e seu advogado. Como já vimos, a presença de advogado é obrigatória no Juizado Especial Criminal, mesmo para a audiência preliminar.

Num primeiro momento, pode-se imaginar que deve prevalecer a vontade do advogado, pois é quem tem conhecimento técnico para melhor orientar o cliente. Mas não é esse o entendimento que prevalece. Se o cliente pode revogar a procuração de seu advogado, também pode contrariar sua orientação profissional e optar por aceitar a proposta. Esse posicionamento foi inclusive objeto do **Enunciado nº 01** do Órgão Especial do Tribunal de Justiça do Estado de São Paulo (publicado no DOE aos 7/12/10) ao afirmar que: *No caso de oferecimento de proposta de transação penal ou de suspensão condicional do processo, ou recurso, se houver divergência entre a vontade do autor do fato e de seu defensor, deve prevalecer a vontade do autor do fato.*

Com esse posicionamento consagra-se a vontade do autor do fato e a máxima popular de "quem pode o mais, pode o menos". Ou seja, se o autor do fato é livre para constituir advogado, também é livre para contrariá-lo. Observo apenas, que nesse caso, deve ficar consignado que o advogado orientou o cliente no sentido contrário. Se, no entanto, o advogado for destituído pelo cliente, o juiz deve nomear outro advogado para assinar o termo, pois sem a assinatura de advogado não será possível a homologação do acordo.

Conclusão

A Lei dos Juizados Especiais Criminais demonstrou a preocupação do legislador em evitar o cárcere para os autores de delitos leves, bem como a intenção de conciliar as partes, possibilitando a composição civil e a transação penal, despertando a sensibilidade dos autores para que não voltem a delinquir.

A mecanização dos procedimentos, no entanto, leva a algumas situações preocupantes como o fato de em alguns casos o Ministério Público automaticamente fazer a proposta de transação penal, sem se atentar se era caso de arquivamento dos autos.

A maioria das comarcas não tem vara específica dos juizados especiais criminais, sendo que os juízes criminais acumulam essa função, o que o sobrecarrega de processos, obrigando-os a fazerem audiências coletivas para evitar a prescrição, e o MP fazendo também propostas coletivas de transação penal, como a doação de uma ou duas cestas básicas, sem a preocupação de atentar-se ao caso específico.

Assim, embora a Lei dos Juizados Especiais Criminais seja inovadora para a retrógrada mentalidade de boa parte da sociedade quanto aos fins do Direito Penal, devemos cobrar dos órgãos competentes uma adequada fiscalização e cumprimento do disposto na lei, evitando-se os males da mecanização do processo que nenhum benefício trará à Justiça.

Esta obra foi composta em CTcP
Capa: Supremo 250 g – Miolo: Pólen Soft 80 g
Impressão e acabamento
Gráfica e Editora Santuário